名人传

雍 正
评价两极的皇帝

王文华 著　　杜晓西 绘

人民文学出版社
PEOPLE'S LITERATURE PUBLISHING HOUSE

著作权合同登记：图字 01-2022-5203 号

©三民书局股份有限公司
本著作中文简体字版由三民书局股份有限公司授权上海九久读书人文化实业有限公司与人民文学出版社在中国大陆(台湾、香港、澳门地区除外)独家出版。

图书在版编目(CIP)数据

雍正：评价两极的皇帝/王文华著. —北京：人民文学出版社，2018(2024.11 重印)
（名人传）
ISBN 978-7-02-014281-1

Ⅰ. ①雍⋯ Ⅱ. ①王⋯ Ⅲ. ①雍正帝(1678—1735)-传记 Ⅳ. ①K827＝49

中国版本图书馆 CIP 数据核字(2018)第 102894 号

责任编辑　朱卫净　杨　芹
装帧设计　汪佳诗

出版发行　人民文学出版社
社　　址　北京市朝内大街 166 号
邮政编码　100705

印　　制　山东新华印务有限公司
经　　销　全国新华书店等

字　　数　68 千字
开　　本　890 毫米×1240 毫米　1/32
印　　张　4.625
版　　次　2018 年 8 月北京第 1 版
印　　次　2024 年 11 月第 3 次印刷

书　　号　978-7-02-014281-1
定　　价　35.00 元

如有印装质量问题，请与本社图书销售中心调换。电话：010-65233595

序

　　不论世界如何演变，科技如何发达，但凡养成了阅读习惯，这将是一生中享用不尽的财富。

　　三民书局的刘振强董事长，想必也是一位深信读书是人生最大财富的人，在读书人数往下滑落的多元化时代，他仍然坚信读书的重要性。刘董事长也时常感念，在他困苦贫穷的青少年时期，是书使他坚强向上；在社会普遍困苦、生活简陋的年代，也是书成了他最好的良伴。他希望在他的有生之年，分享这份资产，让其他读者可以充分使用。

　　"名人传"系列规划出版有关文学、艺术、人文、政治与科学等各行各业有贡献的人物故事，邀请各领域专业的学者、作家同心协力编写，费时多年，分梯次出版。在越来越多元化的世界中，每个人都有各自的才华与潜力，每个朝代也都有其可歌可泣的故事，但是在故事背后所具有的一个共同点，就是每个传记主人公在困苦中不屈不挠的经历，这些经历经由各位作者用心查阅有关资料，再三推敲求证，再以文学之笔，写出了有趣而感人的故事。

西谚有云：世界因有各式各样不同的人，才更加多彩多姿。这套书就是以"人"的故事为主旨，不刻意美化主人公，以他们的生活经历为主轴，深入描写他们成长的环境、家庭教育与童年生活，深入探索是什么因素造成了他们的与众不同，是什么力量驱动了他们锲而不舍地前行。以日常生活中的小故事来描写出这些人为什么能使梦想成真，尤其在阅读这些作品时，能于心领神会中得到灵感。

和一般从外文翻译出来的伟人传记所不同的是，此套书的特色是由熟悉文学的作者用心收集资料，将知识融入有趣的故事，并以文学之笔，深入浅出写出适合大多数人阅读的人物传记。在探讨每位人物的内在心理因素之余，也希望读者从阅读中激励出个人内在的潜力和梦想。我相信每个人都会发呆做梦，当你发呆和做梦的同时，书是你最私密的好友。在阅读中，没有批判和讥讽，却可随书中的主人公海阔天空一起遨游，或狂想或计划，而成为心灵

知交。不仅留下从阅读中得到的神交良伴（一个回忆），如果能家人共读，读后一起讨论，绵绵相传，留下共同回忆，何尝不是一派幸福的场景！

  谨以此套"名人传"丛书送给所有爱读书的人。你们都是世界上最幸福的人，因为一直有书为伴，与爱同行。

目 录

1. 少年胤禛 …………………… 1
2. 继承人之争 ………………… 14
3. 扫除异己 …………………… 21
4. 城门将军 …………………… 26
5. 当代第一超群拔类之稀有大臣 …… 36
6. 雍正的右手 ………………… 43
7. 抄家皇帝 …………………… 47
8. 火耗归公 …………………… 54
9. 尊孔禁洋教 ………………… 60
10. 士绅一体当差 ……………… 67
11. 为贱民除籍 ………………… 74
12. 密折制度 …………………… 79
13. 不杀谏官 …………………… 86
14. 李卫当官 …………………… 93
15. 文字狱 ……………………… 99
16. 青海平乱 …………………… 106
17. 失败的战争 ………………… 112
18. 鄂尔泰与改土归流 ………… 120
19. 皇星陨落 …………………… 127
    雍正小档案 ………………… 136

名人传

雍 正
1678—1735

1. 少年胤禛

康熙十七年（1678）十月三十日，秋风扫落最后一片枯叶，寒冬即将迈进这古老的国家，紫禁城深深的院落里一片深秋景象。

几个内院太监忙碌着，宫女们在乌雅氏①的房里进进出出。乌雅氏要生了，接生的婆婆一早就被唤了进去，此刻仍未现身，只偶尔听见乌雅氏极力忍耐下的呻吟。

蓦然，一声婴儿啼哭高亢地传来。

"哇——哇——哇哇——"

宫女喜滋滋地奔走相告："是个皇子！是个皇子！"

乌雅氏累了，汗水浸湿了她乌黑的秀发。

当宫女把新生的小娃儿抱到她的面前时，她端详着眼

---

① 雍正的母亲是孝恭仁皇后乌雅氏，生于顺治十七年，满洲正黄旗人。

前的小皇子，不禁笑了。

"这孩子长得可真像他的皇阿玛①呀！"她想起了进宫以后的日子，因为自己的出身并不高，太监们通常对她颐指气使。

现在可好了，她生下了一位皇子，身份地位当然不可同日而语了！

"看谁还敢小瞧咱们娘儿俩。"她用指头轻轻碰触小皇子的鼻头，温柔地笑了。

那些平时不大搭理乌雅氏的太监，这会儿全变了副嘴脸！平时乌雅氏要什么东西，太监们百般刁难，这下母以子贵，乌雅氏飞上枝头变凤凰，再也没人敢瞧不起她了。

太监和宫女奔走相告的声音，使这个深深的院落散发出浓浓的喜气。

第二年的春天，春风吹拂紫禁城，花开满园，乌雅氏果然被康熙晋封为德嫔，在宫里的地位不同往日。

---

① 皇阿玛：清朝时，皇子和公主会称皇上为皇父（官称）或皇阿玛（亲称）。

乌雅氏喜悦的心情并没有持续太久，不久后，宫里又传了旨，命德嫔把新生的皇子送给孝懿皇后抚养。年幼的皇子从此跟在皇后身边，由皇后亲自抚养教导。

在清宫里，地位代表了一切，皇后自己生不出皇子，便抚养其他嫔妃生的皇子，这是宫里的规矩，乌雅氏也不得不遵守，只能黯然地送走自己亲生的孩子，脸上还得强装出笑容来。

这个从小就被送给皇后抚养的小皇子，就是后来的雍正皇帝。他本是康熙皇帝的第十一个儿子，但是因为有些皇子早夭，他的排行就变成了第四，康熙替他取了个名字叫作胤禛。

康熙对皇子的教育很重视，也很严格。

胤禛六岁时开始跟随哥哥们，每天五更天入尚书房读书，学习满、汉、蒙古文和各种经典文章；满族人擅长的骑马、射箭更是不可或缺的功课。

皇子们的教师都是全国最有学问的人，跟胤禛最亲近的，则是他的恩师顾八代。

顾八代的学问很好，官做到礼部尚书。只是顾八代一

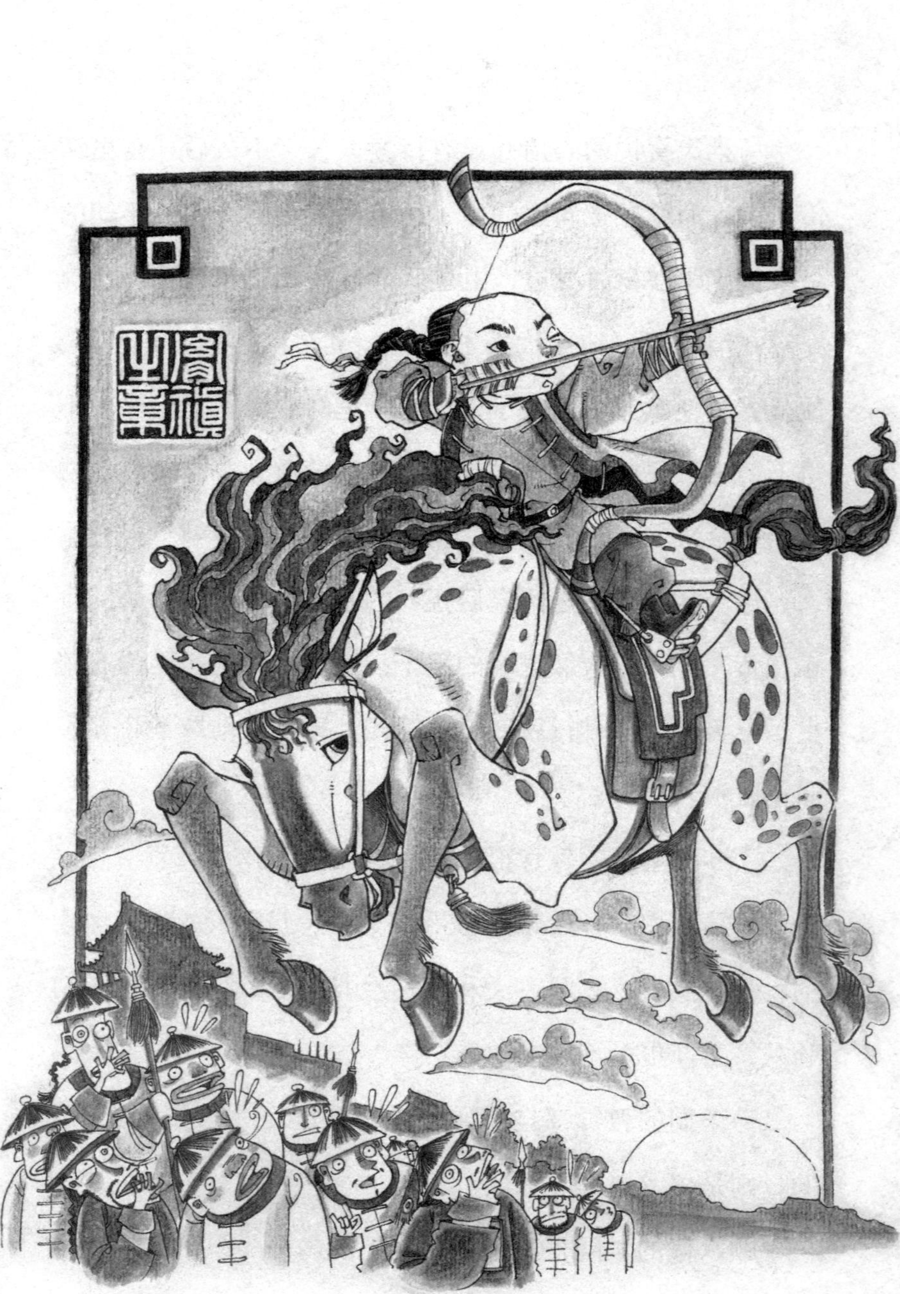

生为官清廉，虽然官做得大，又是皇子的恩师，但死的时候竟然穷到没钱下葬，还是胤禛出钱安葬了他。

顾八代的廉洁奉公，给了少年胤禛极大的启示，他当上皇帝后，对国家大政十分勤奋，要求官员廉洁守法，不能贪污，这些大概都是受了顾八代的影响。

有时，康熙也会亲自考考皇子们的学习水平。

一次，康熙到皇子们读书的地方，与皇太子胤礽的老师汤斌谈论读书之道。

康熙很自豪地说："朕的儿子没有不善读书的。"他随手从书架上取下几十本经书，交给汤斌说："你可以随便出题，让他们朗诵看看。"

汤斌遵旨照办，打开经书出题，由几位皇子一一试读。

胤禛那时的年纪还小，但是，被抽到时一点也不害怕。这些经典他都背得滚瓜烂熟，汤斌让他试着解释看看，胤禛也能用很简洁的话，解释这些古书文章里的含义，给汤斌留下了很深的印象。

胤禛九岁时，还跟随康熙出巡塞北。他们从紫禁城出发，由古北口向西行，皇家大军行过张家口，与蒙古族的王公贵族会盟于塞外的大草原上。天高地阔，风吹草低，呈现在胤禛眼前的，是数以万计的军马雄姿，以及四周散列着的白色蒙古包，和闪着耀眼光芒的皇家行营，而在其中，那位英姿焕发、笑声豪爽的人，正是自己的父皇！

胤禛看着蒙古族人在父皇的号召下，订下了永远团结、互不侵犯的条约，想到这些人全都臣服于他的父皇，年纪小小的他一时胸中豪气大发，吟出了"一人临塞北，万里熄边烽"的诗句。

康熙知道了，吟读几遍，觉得这几句诗写景写情都很豪迈，笑着拍拍胤禛的头："不错不错。"胤禛得了父亲的赞赏，读书写诗也更用功了。

康熙三十五年，远方的噶尔丹作乱，康熙决定亲征，并且把几位皇子带在身边，让他们学习领兵作战之道。胤禛因为已经十九岁了，所以也参加了那次作战。

胤禛奉命掌正红旗大营，随父亲上战场，他跃跃欲

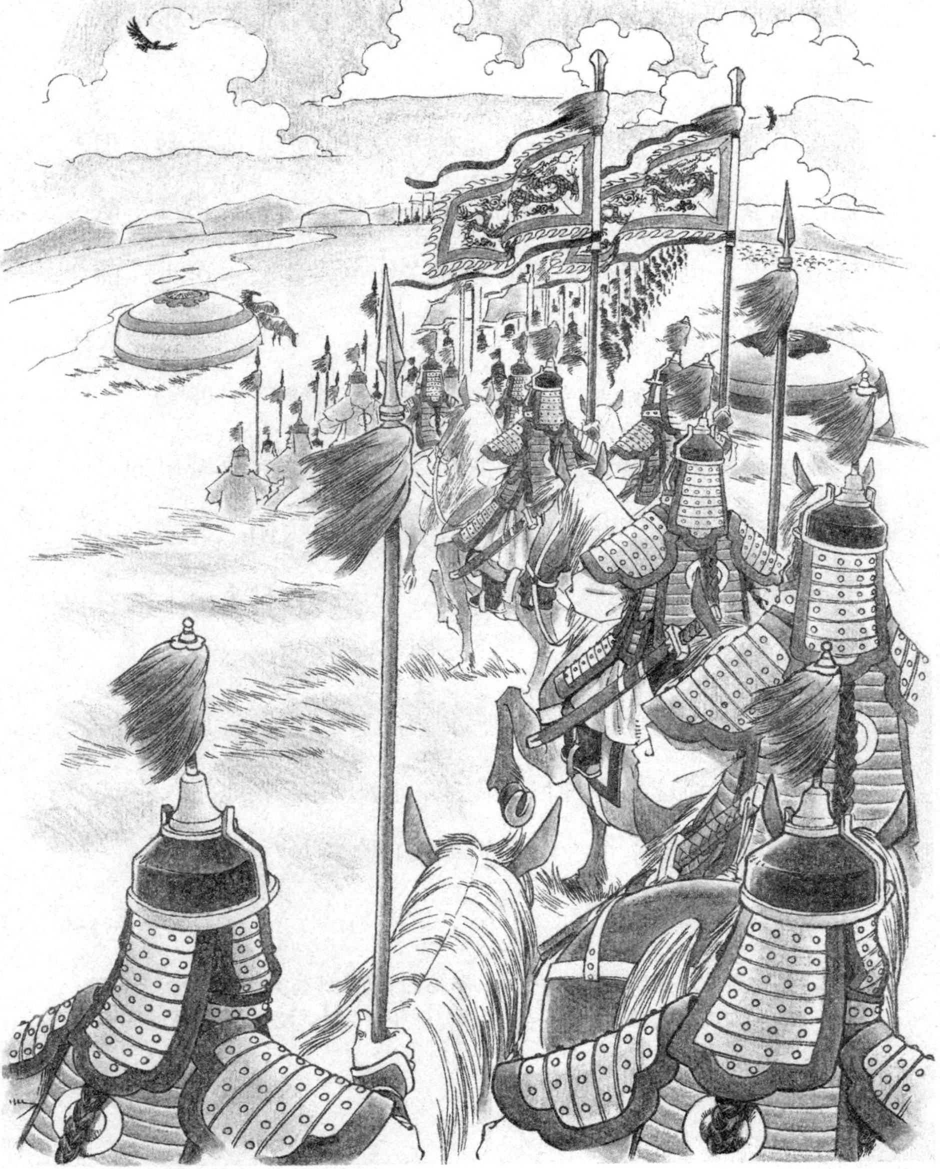

试，急着想把他在皇宫里学来的骑术用在战场上。古人说"打虎亲兄弟，上阵父子兵"，康熙大概也有那层意思吧！

不过，这回康熙亲征，胤祯并没有机会上阵杀敌，但是，他参加了许多次的军前会议，了解父亲怎么指挥军队行进撤退，也在寒冷荒凉的塞北大地上，体会了军士在前方戍守之苦。

康熙喜欢西洋科学，少年胤祯也跟着学了不少。

有一回天狗食日①，那时科学仍不发达，京城里的百姓敲锣打鼓，希望吓走天狗，好让它吐出太阳。许多大臣也不知道日食的道理，纷纷上奏，说天狗食日表示上天要降大祸于人间了。

康熙对这些大臣的无知感到很有趣，他早就从西洋传教士那里学到这是一种自然现象，他好整以暇地派人在玻璃上涂上墨汁，亲自教皇子们观察日食现象。

---

① 天狗食日：就是所谓的日食，当月球运行到地球与太阳之间时，月球挡住了太阳射向地球的光，我们从地球望去，太阳逐渐被月球遮住而变暗，就像被吃掉了一样。

胤禛受康熙的影响很大，他从康熙那里学到了中西兼备的学问，为他日后成为一国之君打下了深厚的基础。

康熙三十六年，噶尔丹又在塞外叛乱，康熙皇帝再次亲征噶尔丹，成年的皇子们也跟随康熙上战场。皇帝御驾亲征，大大提高了军队的士气，打起仗来得心应手，果然打了一场漂亮的大胜仗，胜利回京。

回京后，康熙大赏有功的军士，跟他出征的皇子们也都获得了封赏。

二十岁的皇四子胤禛，被册封为多罗贝勒①。胤禛有了爵位，不再只是个徒有虚名的皇子，他终于有了实际的权力。

胤禛长大了，可以开始为康熙分担一些政事，康熙也有意让这些成年的皇子接受一点儿考验，所以，康熙常常指派胤禛做事。

---

① 贝勒：是一种爵位。亲王、郡王、贝勒、贝子……都是皇族近支才有可能受封的爵位，亲王是宗室王公的最高等级。

胤禛受封后不久，奉旨随康熙到东北老家祭祖陵，胤禛在陪祭完祖先的陵墓后，深感祖先创业之不易，还写了首谒陵诗：

龙兴基景命，

王气结瑶岑。

不睹艰难迹，

安知启佑心。

山河陵寝壮，

弓箭岁时深。

盛典叨陪从，

威仪百尔钦。

这首诗大概的意思是：我们满族的祖先从这里发迹，历经一番艰难的奋斗才有今日的山河，作为儿孙的我看着这番盛世，更能体会先人的伟大。

有一回，胤禛陪同康熙视察永定河的河堤工程，细心的胤禛除了站在河边观察之外，还把河工打进河里的木桩，拔了几根出来比对图样。

"这尺寸怎么短少这么多？"胤禛觉得奇怪，招来河工拿度尺量。果然，木桩真的比设计的图样短少许多，显然不合规格。

负责的官员没想到这种小失误都被皇四子找到，急忙将所有木桩重新打过，往后，再也不敢疏忽了。

那时的胤禛，虽然已经成年了，但是在他的心里，并没有想到自己有一天会登极当皇帝。

照排行，他只是康熙的第四个儿子。上有皇长子，天生神力的胤禔，能带兵打仗，小小年纪就已立下不少军功；皇太子胤礽是孝诚仁皇后所生，身份和其他皇子不同，自小被培养为皇位接班人，允文允武，地位稳固；皇三子胤祉学问渊博，深得父亲和众大臣的赞扬。

这几位哥哥文武双全，随便选一位当皇帝，都够格。

回头看看胤禛，他的生母乌雅氏的地位并不高，在兄弟里的学问和人品也不突出，最重要的是——太子胤礽的

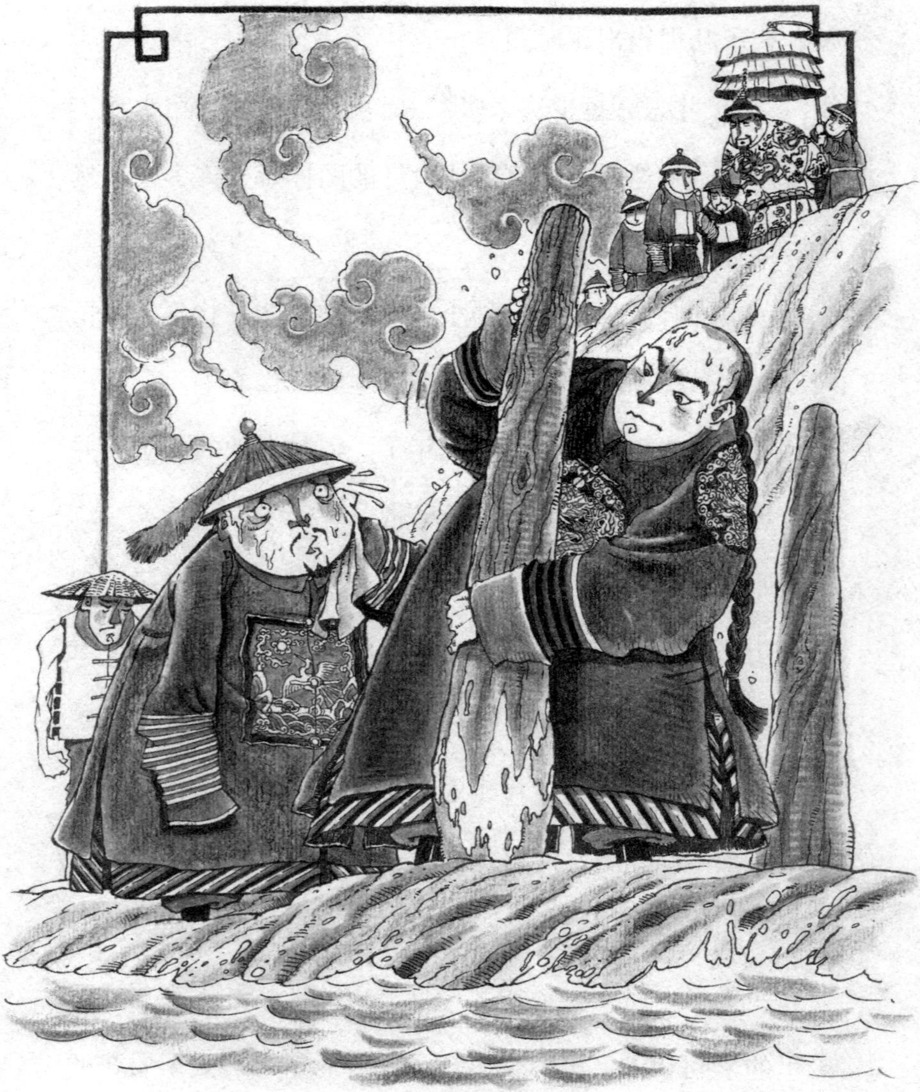

地位稳固，其他兄弟也就没有争皇位的念头。

那时的胤禛只是常被派出去代替康熙处理公务，努力做好一个儿子应有的本分罢了。

2. 继承人之争

康熙四十七年，皇宫里发生了一件大事，从此改变了胤禛的人生。

原来，康熙认为太子胤礽性格残暴、语言颠倒，于是下令将胤礽的太子头衔给废了。

太子被废，这可是一件大事，也让胤禛的兄弟们突然想道："我也有机会当皇帝了。"

清王朝未来的接班人，一定是从这群皇子间挑选的，既然康熙废掉太子，他们就有机会了！

这是一场人人有希望、个个没把握的比赛，皇子们为了夺取大位，各自拉帮结派，成立一个一个的小集团，连朝中的大臣也纷纷投靠有实力的皇子。皇位争夺战便在紫禁城里赤裸裸地上演着。

皇长子胤禔最积极。他虽然不是皇后所生，却认为自己是皇长子，又和大臣明珠结成一派，在朝廷里声势浩大。

只是胤禔行事急躁，他怕胤礽又回头来抢皇位，便向康熙提议："请父皇杀了废太子胤礽，以绝后患。"

为了当皇帝，做哥哥的想杀弟弟？

康熙听得气急攻心："你……你……你真是狼子野心呀！"

康熙还查到胤禔请喇嘛施法，想偷偷咒死废太子胤礽，于是，下令将胤禔终身监禁。胤禔从此消失在接班人的行列中。

胤禛的八弟胤禩①处事圆融，人脉很广，皇九子胤禟、皇十子胤䄉、皇十四子胤禵，都是他最坚强的支持者。以他为中心，形成了一股庞大的势力。

为了使国家安定，来年的三月，康熙决定复立胤礽为太子："胤礽，你重当太子，可别忘了朕的一番苦心呀！"

胤礽耳朵里听着康熙的话，心里想的全不是这一回事：

---

① 胤禩：生于康熙二十年，在康熙诸子中排行第八。胤禩生母卫氏是皇室家奴，地位低微。他从小聪明机灵，千方百计地讨得康熙欢心，和三教九流的人物来往。不管是皇子、王公、大臣，甚至是江湖术士，只要有利用价值，都是他收买的对象。

"这回复立太子,谁知道父皇哪天又把我废了,而且我的兄弟们,哪个不是虎视眈眈,想争我这个太子的位子?"

他再度成为太子,不但不知悔改,反而因怕康熙再废了他,整天想的就是如何纠结党羽、怎样贪污财物。

康熙看到太子的行为,真是气死了,为了警醒太子,下旨把几个年长的皇子全封为亲王、郡王。胤禛也在这时被封为和硕雍亲王。

但是,权力欲望使人迷惑。皇子们成了亲王、郡王,又想拥有更多的权力。于是,他们联合起来,不断地攻击太子,制造谣言,彼此之间也互相攻讦,大家的目的只有一个——当皇帝。

只是,一国之内只有一个皇帝,注定只能一人得意,众人失望。

康熙五十一年,康熙决定要好好整顿乱局。

他指责皇太子结党,在京城里搞小圈子,又把太子废了。

见太子第二次被废,皇八子胤禩认为时机成熟,便不断地找大臣向康熙游说:"胤禩是当天子的料,皇上应该立胤禩为太子。"

大臣们的话让康熙反感:"你们别再说了,只要朕活着一天,就永远不立太子。"

康熙的话，等于宣告皇八子胤禩也没机会当皇帝了。

未来皇位的接班人，眼看只剩下两个人。

皇十四子胤禵①年纪轻轻，却有领军作战的才能，他在此时受到康熙重用，被任命为抚远大将军，统率数十万军马去平定塞外的战乱。朝臣们认为皇十四子必是未来的皇帝，纷纷表态愿意支持他，连皇八子都暗中帮助他。胤禵俨然成了大家的希望。

另一位就是皇四子雍亲王胤禛。

在几次争皇位的角逐中，胤禛都很幸运地没被卷入。他行事很低调，不与人为敌，整天在他的王府里学佛读书。太子第一次被废时，他还当和事佬，拉拢康熙和太子胤礽的关系。胤禛的行为处事，让康熙对他很有好感。

胤禛也不是真的对皇位没兴趣，他私下还是有几个支持他的官员，像在青海统军的年羹尧、掌管北京城的九门提督②隆科多，这些人虽然名声并不显赫，却都很能办事，这让胤禛也有了争皇位的资本。

---

① 胤禵：是康熙帝的第十四子，比雍正小十岁，是雍正帝的同母兄弟，可两人感情并不深厚，胤禵与皇八子胤禩反而结成一党，想争夺皇位。
② 九门提督，负责管理北京皇城九大门。

况且，胤禵远在西北督军，和京城距离太过遥远。

康熙六十一年十一月十二日夜，北京畅春园外，几颗稀疏的星星点不亮沉重的夜色，浓墨般的宫闱，几盏灯无力地亮着。

畅春园的气氛沉重，纷沓的脚步声，匆促的人影，透出一股不安的气氛。

"皇上病重了。"人们低语。

执事太监快马疾向天坛，向正在祭天的皇四子胤禛报信。

畅春园外，留在京城里的皇子们几乎全到了。

皇子们焦急地想知道："父皇病重，皇位给谁？是四阿哥①还是十四阿哥？"

胤禛在天坛祭天，皇十四子胤禵在遥远的西北赶不回来。

已进入弥留状态的康熙，看看自己的孩子们，在位六十一年的风风雨雨，他终于走到尽头。他缓缓地说：

---

① 阿哥：清朝时，皇子还没成年受爵时的通称。

"皇四子胤禛人品高贵，行事作风都……很像朕，必能继承皇统，让他登上皇位，朕……朕很放心。"

康熙直到最后一刻，才将皇位继承人宣布出来，说完又虚弱地躺下了。

几个阿哥听完康熙的话，哭喊着："父皇……父皇……"那哭声悲切，像是为康熙的病担忧，也像是为自己没得到皇位而伤心。

康熙累了，他摆摆手，命大家退了。

天色悄悄放明，皇四子胤禛终于赶到，他亲自服侍康熙喝参汤，一小口一小口地喂，做儿子的希望父亲病体痊愈，只是康熙已病入膏肓，连讲话都很困难了。

十三日晚上，当了六十一年皇帝的康熙驾崩于寝宫。

康熙驾崩后，由九门提督隆科多宣布康熙的遗命，遗体安放在乾清宫中。第二天起，紫禁城的九门紧闭。

十七日，康熙皇帝的正式遗诏颁布天下，谕皇四子雍亲王胤禛继位登极。

二十日，新皇帝胤禛即帝位，诏告天下，定翌年为雍正元年（1723）。

雍正接帝位时已四十五岁，为清朝入关后的第三任皇帝。

他的父亲康熙，当皇帝时才八岁。他的祖父顺治，更是在六岁就主持大政。四十五岁的雍正，论年纪够大，论经验够多，论能力也够强，只是，满城风雨正在等着他呢！

他的兄弟们个个文武全才，也虎视眈眈地想夺取皇位呢！

3. 扫除异己

　　康熙末年，皇子们各成集团争夺皇位，最后是胤禛取得了胜利，当上皇帝。

　　可是，允禩①的势力仍然庞大，支持他的官员也多，一个不小心都可能激起叛变，历史上有太多这样的教训了。

　　雍正先晋封允禩为和硕廉亲王，又让他担任总理事务大臣，把国家大政都交给他处理，追随允禩的官员也都留任原职。看起来，雍正好像对允禩特别好。

　　许多人向允禩的妻子道喜，认为雍正重用允禩，证明

---

① 皇帝的名字一般人不能用，必须恭敬的回避。在雍正成为皇帝后，曾下达一道圣旨："朕曾奏闻皇太后，诸王阿哥名上一字，着改为'允'字。"雍正的名字叫胤禛，除了他自己仍然用"胤"字之外，其他兄弟原以胤禔、胤礽、胤禩等为名的，全改成"允"字，如允禔、允礽、允禩等。

雍正心中对以前的事毫无芥蒂。

允禩的妻子却面无喜色地说:"今日加封,明日夺爵,福祸相倚,谁知道哪天掉脑袋呀?"

允禩也对身旁的人说:"胤禛加我的爵,也许就是他要动手整我的前兆吧?"

允禩没被加官晋爵冲昏头,他知道,雍正这是擒贼先擒王,一方面把他掌握在手中,一方面又趁机瓦解了他的势力。

果然,雍正封允禩为亲王后,又派允禟到西宁采办粮草,再把允䄉支去蒙古办事,还把抚远大将军允禵召回京。

这一切,全是雍正继皇位后不到三个月内所做的动作。三个月内,支持允禩的人全被支开,只让允禩孤单地留在京城。

允禵和雍正的生母都是乌雅氏,两兄弟也都是康熙晚年最信赖的人,只是这两个亲兄弟为了谁当皇帝,已经吵了好多次。允禵被解除兵权召回到北京后,怒气冲冲,他认为雍正假造了康熙的遗旨,窃取了皇位,康熙其实是要传位给他的。

"老四凭什么当皇帝？他会带兵打仗吗？"允禵气愤地向家人说。大家都要他忍耐，他却不肯，到了康熙的灵柩旁，允禵见着雍正，拒绝向他跪拜行君臣之礼，要不是旁人拉住，他当场就要对着雍正破口大骂了。

雍正很生气："他是朕的亲弟弟，竟然这么不给朕面子。"

愤怒的雍正决定让他好好反省，于是借允禵送康熙灵柩去遵化陵墓之机，命他留守康熙的陵墓："你天天对着父皇的陵寝，好好想想吧！"

而允禵被派去西宁后，也被支持雍正的年羹尧看管着不准回京。允禵上奏想回京城，雍正也不理他。

允禟不能回家，就写了一封密信，缝在马车夫的衣服里，偷偷送给允禩。他自以为聪明，却不知道雍正棋高一着，早在允禟和允禩身边安插了耳目。他们的信还没送回北京，密探早就把信复制回京给雍正看过了，可想而知，对于允禟和允禩的计划，雍正了若指掌。

另一方面，允䄉到了张家口后，借口养病不愿到蒙

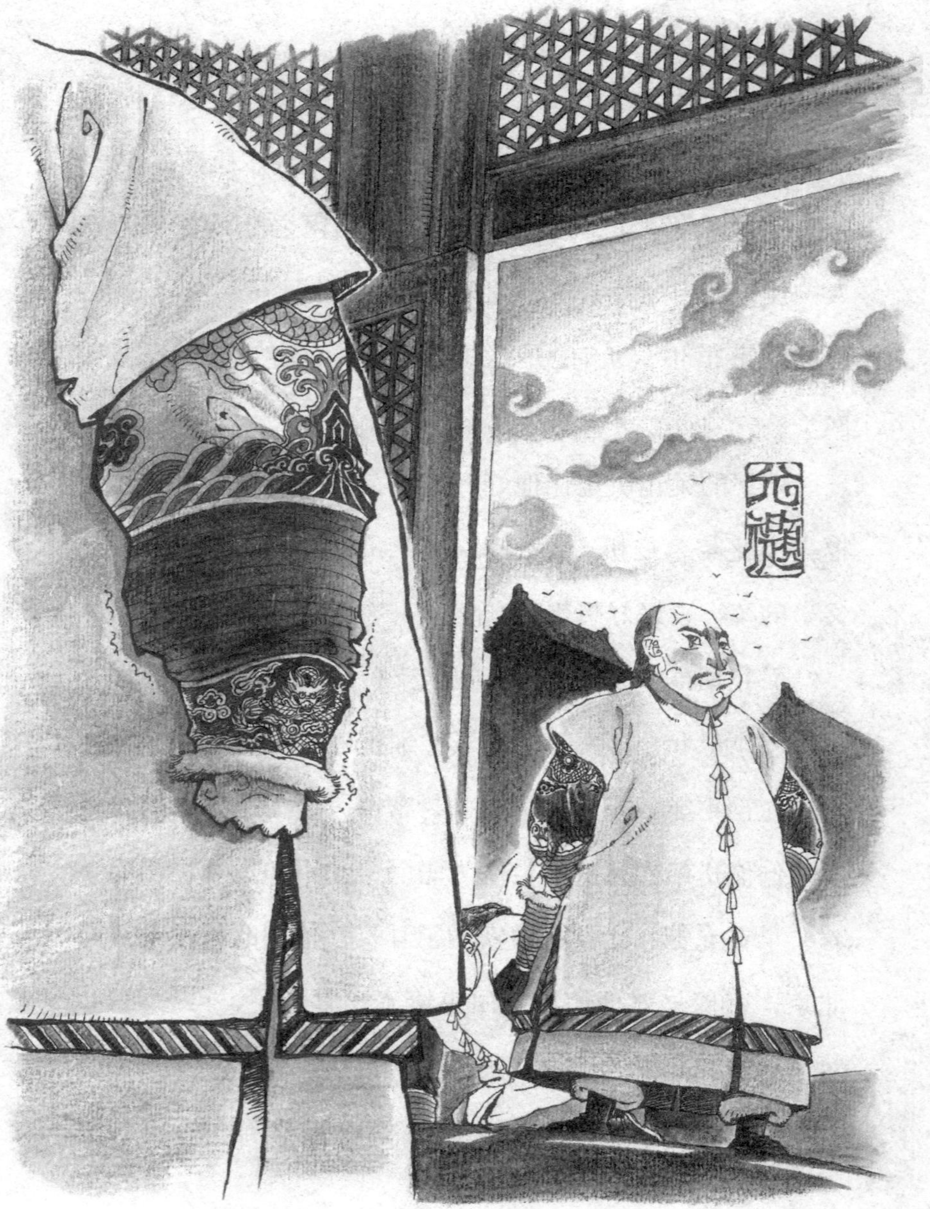

古。雍正小题大做，要允禵把允禩押回北京，并让允禵亲自审问。

雍正二年，雍正平定罗卜藏丹津的动乱后，声望更高了，他终于可以全力对付那些曾经反对过他的兄弟。

雍正四年，他将允禩、允禟关起来，削去宗籍，把他们从皇家家谱中剔除，两人不久便死去了。之后，允䄉和允禵被终身囚禁。

4. 城门将军

雍正初年，年羹尧①因为帮助雍正登上皇位，又牵制了原来抚远大将军允禵的军队，所以成了雍正的心腹大臣。他在青海的战役中，更因立下军功，被封为一等公，连父亲、长子也都加官晋爵。

年羹尧远在青海，离京城数千公里远，雍正却用书信和"年大将军"商量国家大事。不管是人事任用、大臣去留、政策宣布，雍正都会去问问年羹尧的意见。

雍正在信里说："让朕和你立下一个千古君臣相知的典范吧！"

"千古君臣相知的典范"这句话，让年羹尧听得一阵

---

① 年羹尧：字亮功，号双峰，康熙三十九年（1700）进士。雍正即位后，青海罗卜藏丹津纠集许多人反叛清朝。年羹尧奉令率兵讨伐，被任命为抚远大将军，统率四川、陕西、云南三省将士，大破罗卜藏丹津。青海全境平定后，晋封一等公爵，加授精奇尼哈番。

陶陶然。

年羹尧的妹妹还被封为了贵妃。

年羹尧在皇帝面前红得发紫，人人争着巴结他。年羹尧向皇上推荐的人，称为"年选"。那时人人都知道，靠着年羹尧升官发财是最快的一条路。

雍正二年，年大将军因为打了大胜仗，要胜利回京啦！

年羹尧在马上意气风发，沿途官员接待得稍有怠慢，年大将军的马鞭子就唰的一声，当场在这些官员的脸上留下一道红印子，不管你是道台、县令、总督，还是巡抚，年大将军都毫不留情。

即使像山西总督李维钧、巡抚范时捷这样的大臣①，也要在路旁跪着迎接他，再恭恭敬敬地跪着欢送年大将军。

年羹尧旁若无人地骑马跃过，连看都不看一眼。

"你看他那副得意的样子，真是个小人。"年羹尧走远后，范时捷拍拍朝服上的泥沙，悄声对李维钧说。

---

① 总督与巡抚皆为地方军政大员，但总督权力比巡抚大，多数地区巡抚位于总督之下，总督管辖区域也较巡抚为广，一般都在一省以上。年羹尧当时总管西北军事，地位比总督和巡抚高。

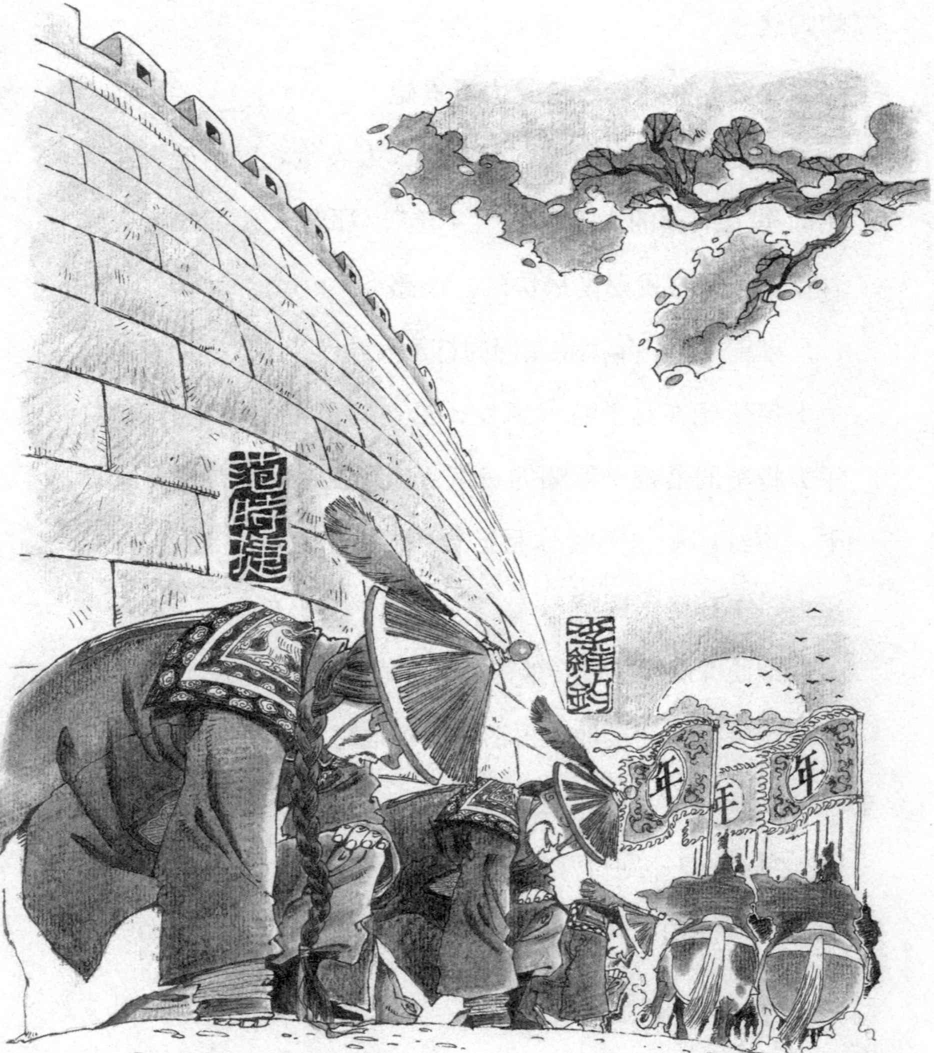
范時捷
李維鈞
年
年
年

李维钧看着范时捷，冷冷地笑了一下："老范呀，你莫看他今日得意，改日他失势倾倒，下场一定万般凄凉。"

他们的话年羹尧没有听到，他一心想着进京后会有什么样的盛大场面等着他。

年大将军进京了，可真是风光极了。

离京城三十里外，百姓们列队跪在路旁欢迎，整条京道上处处可见红彩带，路上舞狮的舞龙的数不清，鞭炮锣鼓一点儿也没停过，王公以下的官员跪迎，亲王下马问候。甚至，连雍正皇帝都亲自来迎接他了。

这一切够风光了，年羹尧却只是坐在马背上，高傲地点头示意。

那些王公大臣仿佛成了他的仆人，雍正看在眼里，气在心底。进了紫禁城，雍正想犒赏军队。正是暑气逼人的七月，士兵们的盔甲被晒得烫人，雍正和年羹尧坐在亭子里，士兵们列队站在操演场上，太阳火辣辣地照着。

这些士兵都是年羹尧亲手训练的，即使汗水不断，也没人动一下。

雍正和年羹尧谈得正愉快，青海大捷嘛，从康熙朝就无法止息的战乱，终于让年大将军平息了。雍正笑着说："这回大战，全仗着年将军，你真可算是朕的恩人了。"

被皇上称为恩人，古往今来大概没人有这种荣幸。

年羹尧没有跪下谢恩，只在口头上谦逊一下，更没注意到雍正的神色中突然显出一丝不快。

雍正看看士兵，士兵的汗水都快流成河了："这次大战，全仗将士们用命，虽然国库有点吃紧，该给的赏银还是不能省，唔，就赏每个兵士二十两吧！"

雍正的旨意通过太监，传到了场上，几千个兵士没有预料中的谢主隆恩，只是直挺挺地站着。

雍正不解。

直到年羹尧把一面小旗，交给随身侍卫，侍卫向外一挥，几千个士兵这才异口同声地喊着："谢主隆恩。"声音整齐，竟像同一人所发出。

雍正愣了一下，心想："他们只听年羹尧的命令，连朕的命令也充耳不闻；若是年羹尧挥师进京，那……"

外头是暑热的天，雍正的心却像掉进了冰窖里。

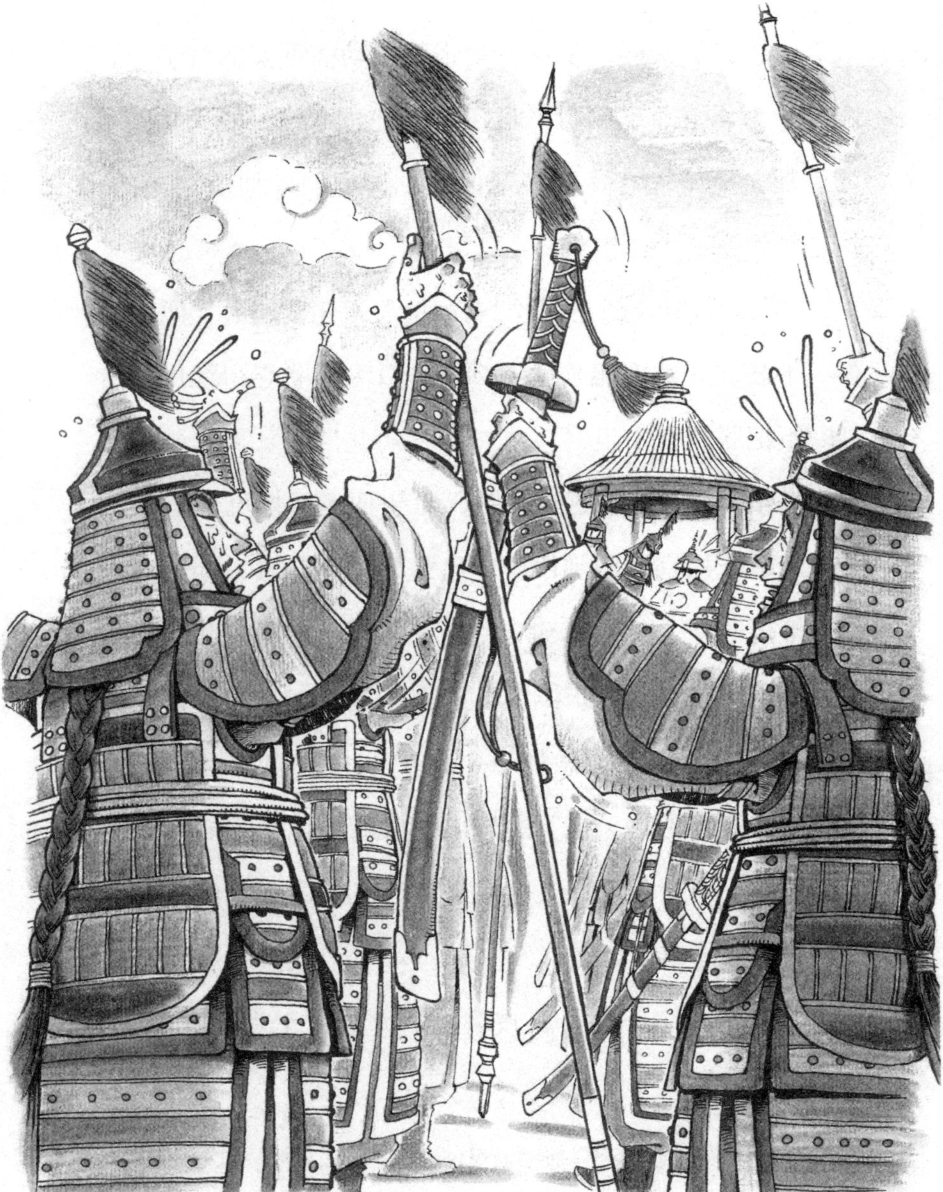

他想起了康熙末年那段紧张而又动荡不安的日子，几位皇子为了抢夺皇位明争暗斗无休止。那时，他只是四阿哥，幸而皇城里有隆科多帮他的忙，皇城外他能指望的，就是年羹尧的大军。

"看来，年羹尧是居功自傲了，"雍正想着，"他以为有功于朕，朕就不能拿他怎么样！以为帮朕夺得江山，就可以不把朕放在心里？"

雍正越想越气，这天之后，雍正便不再接见他。

年羹尧从京城回到西安，已是隆冬十二月，他给皇上写了封折子①报平安，雍正在折子上回了一段意味深长的话："当臣子的人，如果恃宠而骄，一定会招来祸害。你身为封疆大吏，不能做坏事，让小人在朕面前说你的坏话；在与朕相见时，也不能露出骄傲的神色；不能在外头结交其他臣子，免得让人有攻击你的机会。这三件事都很重要，切记。"

年羹尧看完，觉得头皮发麻，皇上一直把他当自己

---

① 折子：大臣写给皇帝的一种书面报告。

人，这么严厉的语气还是头一遭，他急忙写信，请皇上开恩，他决心改过。

可惜，隆冬的西安雪降得急，年大将军只等到了雍正更严厉的指责。

"有了过错能改当然最好，只是，朕担心你不能心服口服罢了。朕看着你的表现，真是替你惋惜，惋惜你的才能，惋惜你立下的大功，也惋惜朕与你这千古难逢的君臣缘分。"

这些话除了关爱与叹息，更多的是警告和指责的意味。

雍正觉得年羹尧骄傲到狂妄，如果让他继续跋扈下去，难保他不会带兵叛变。

古往今来多少功臣一夕成了阶下囚？年羹尧的靠山瞬间消失。

雍正三年，京城出现"日月合璧、五星连珠"的祥瑞之兆，各地的官员急忙上书称颂，称赞这是国泰民安的天象。

远在西安的年羹尧也得到了消息，他请文书官员替他写信，信中用了许多称赞的句子，没想到，误把"朝乾夕惕"给写成了"夕阳朝乾"，年羹尧也没细看，就把信发到了北京。

"朝乾夕惕"原来形容人勤奋戒惧、兢兢业业的样子，年羹尧却一时笔误。照字面的意思，就是把皇帝比作了"夕阳"，这在古代可是大不敬的罪。雍正下旨痛责："看完你写的信，朕知道你自认功高，对朕也有不敬之心。"

他要年羹尧给一个解释，年羹尧却是百口莫辩。白纸黑字从何辩起？

雍正立即下旨，撤换了年羹尧的亲信官员，使年羹尧孤掌难鸣；又下旨，要他交出抚远大将军的印信，改调他去当杭州将军。其他的官员一见年羹尧失势，立刻群起而攻之，谴责和指证年羹尧不法的书信奏折如雪片般落到了京城。

年羹尧才移驻杭州，雍正就急不可待，又下了一道圣旨：

"罢去年氏的将军职，为闲散章京，令其看守城门，钦此。"宣旨的太监说着，底下众人发出一声声的惊叹。

堂堂的将军变成看门官，够讽刺了！

年羹尧大概知道死期近了，看守城门时，就像个小老头般喝酒骂人，浑然没有了往日的神气。

雍正三年十二月，雍正的圣旨到了，他把年羹尧逮捕进京，赐他一条白带子，要他自己上吊自杀。

年大将军死时，没有往日的风光，只有一袭囚服、一条白带、一个暗无天日的囚室陪伴；由位高权重的大将军沦落到去看守城门，最后难逃一死，年羹尧全败在一个"骄"字上。

5. 当代第一超群拔类之稀有大臣

雍正能当上皇帝，有两位大臣功不可没。

外边是统军数十万的抚远大将军年羹尧，他牵制皇十四子军队的动向，解除了允禵所造成的威胁。

皇宫里，有隆科多。他是一等公佟国维之子，也是孝懿仁皇后的弟弟。隆科多在康熙五十年间，被任命为九门提督，掌握军权，管理北京城里九个大门的进出。能在紫禁城里管理军队，代表皇家对他是完全放心的。有他统领紫禁城里的禁卫军，皇八子的集团想要造反夺皇位，也无可奈何。

这两个人对雍正的皇权争夺都有功劳，雍正登基后，对他们两人的提拔和赏赐也最多。

雍正三年，年羹尧一死，朝廷内外权势最大的就只剩下隆科多。

康熙病重时，怕京城引起动乱，他急诏的是当时的九门提督隆科多。等到康熙咽了气升了天，又是由隆科多代为宣读遗诏，宣布由皇四子胤禛为皇位接班人。

从此，隆科多成了新皇帝眼前的第一红人。雍正除了给他一大堆职务外，还特地赐他一个称号："舅舅隆科多"。

皇帝自称晚辈，称臣为舅舅，这已经是异乎寻常的事了，雍正还急吼吼地下了道旨，要天下人都跟着他，尊称隆科多为舅舅，这真是一种特殊的荣誉。

雍正曾这样评价隆科多："圣祖仁皇帝的忠臣，朕之功臣，国家良臣，真正当代第一超群拔类之稀有大臣。"

雍正刚当上皇帝时，需要隆科多的支持，需要隆科多手上那些禁卫军替他坐稳江山。

有一段时间，年羹尧看不起隆科多，认为他没有实际的才能，雍正为了劝这两个人和好，还做主把年羹尧的长子年熙，过继给隆科多当儿子。隆科多感受到皇上对他的厚爱，喜不自禁，从此就和年羹尧尽弃前嫌，两人不再生事。

隆科多在最鼎盛时期，身兼总理事务大臣、吏部尚书，还有一个一等一的阿达哈哈番世袭的爵位。

权力使人腐化。隆科多自此目空一切，在朝廷专断揽权，在吏部尚书任内，他有官员的任免权，他不喜欢的人，一辈子别想升官，他喜欢的官员即使贪污腐败，一样获得提拔。人们把经过他选拔的官员称为"佟选"，这些官员当然和他相互勾结，在朝廷里成了一个新的集团。

隆科多走在朝廷里，没人敢正眼看他，大家都把头低着，隆科多说的话，比圣旨还有用。

有一次，雍正的弟弟果郡王进宫，半路上遇见了隆科多。照理说，大臣见了郡王是要单脚跪安的，可是隆科多竟然只是懒懒地站一下，表示他的敬意。果郡王看他那副目中无人的样子，心里虽然很生气，表面上也不敢得罪他，只好勉强打个哈哈，掩饰心中的不满。

隆科多虽然官做得大，但心里还是有点儿谱。他曾说过："皇上对我提拔到了最高点，就是我死期将到的时候。"

他不相信雍正会永远这么爱护他，早早把财产分藏在

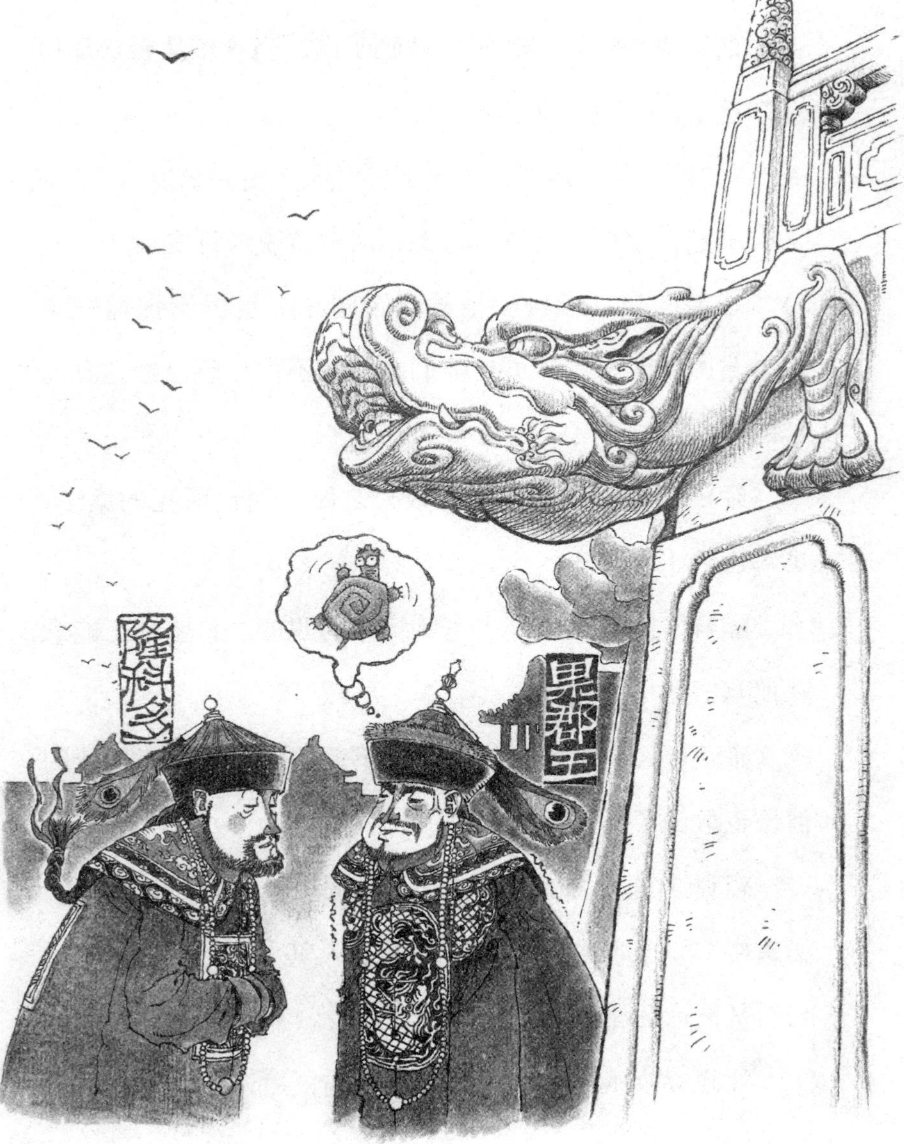
隆科多
果郡王

许多亲戚的家里。

谁知道，隆科多聪明反被聪明误，当雍正从密探那里获知这个消息后，反而起了疑心。

"如果他没做坏事，为什么要藏家产怕朕知道？"

于是，雍正派出更多密探，严密监视隆科多。

好笑的是，隆科多怕被皇帝暗杀，也派密探监视皇帝。君臣互派密探，可见他们之间的不信任感已经达到怎样的程度了。

雍正二年，年羹尧步上败亡之路，而他所犯的案子，也牵连到了隆科多。

隆科多主动提出辞去军队统领的职位，希望雍正能念在他有悔意不处罚他。

雍正已经有整顿他的意思，不但请求照准，还把他的爵位也取消了。

隆科多这才知道害怕："狡兔死，走狗烹，老夫到了尽头啦！"他把这话对下人讲，下人其实是雍正的密探，当然又把这话原原本本地传给雍正听。雍正更生气啦！

雍正认为隆科多跟年羹尧一样，都是结党营私的奸臣，要大臣们和隆科多划清界限。当年被隆科多提拔上来的官员人人自危，整个朝廷又陷入一种肃杀之气中。

雍正四年元月，隆科多被派往新疆阿尔泰岭，和沙皇俄国的使臣划定两国边界（中俄此次谈判，签订了《布连斯奇条约》①）。

隆科多在谈判中，一直坚持立场不肯退让，要求沙皇归还侵占中国的领土。沙皇的使臣被隆科多坚定的态度震慑住，退让出不少侵占的土地。

就在谈判接近尾声之际，雍正查到隆科多私藏皇家的《玉牒》，便再也无法忍受隆科多了，也不管他现在正在遥远的阿尔泰岭和外国人谈判，硬是下了一道圣旨，派人将他上了枷，索拿进京。

六月的新疆水草正美，隆科多却在俄国人的注目下，

---

① 《布连斯奇条约》：1727年8月（雍正五年七月），中俄双方签订了《布连斯奇条约》。这是一个关于边界划分的初步协定，条约规定了东起额尔古纳河，中经恰克图附近的楚库河，西迄唐努乌梁海地区西北角的沙毕纳伊岭的边界走向，中间树立界碑，以南属于中国，以北属俄国。

毫无尊严地披枷戴锁，狼狈地被逮捕进京。

雍正四年十一月，隆科多被判了四十一条大罪，雍正没有处死他，只把他永远软禁起来。雍正五年六月，这位当代第一超群拔类之稀有大臣，就这样死在牢里了。

6. 雍正的右手

年羹尧和隆科多的下场不好，其实也是因为他们恃宠而骄，才会招来雍正的严厉对待。在支持雍正当皇帝的官员中，张廷玉终其一生都和雍正保有良好的关系，这一大半的原因还是因为张廷玉能洁身自好。

张廷玉生于康熙十一年，康熙三十九年中进士。他早在雍正登基前与其他皇子斗争时，便是支持雍正的汉人官员了。

张廷玉是雍正最得力的助手，雍正时时需要他的协助。他的记性好，思路清晰，再繁杂的事情只要经过他的嘴巴讲出来，就很条理分明。

雍正在朝廷上讲着话，让他在一旁记录，等张廷玉写出来一看，和雍正说的一字不差。

雍正一有重要的事，就会找张廷玉想办法，有时候一天召见他三四次，遇上军情国家大事，更是要他彻夜陪在身旁。

这么多的事，让张廷玉像个陀螺般忙碌，他办公的地方总有上百个人等着见他，这些人有的是向他请示，有的要请他批阅公文，他忙得几乎连吃饭的时间都没有。

西北大战那几年，他甚至连坐轿也要拿着毛笔批改公文，轿旁随时有人骑着马跟随，好让他把批完的公文立即向上呈报，向下传阅。

张廷玉一生勤于政事，而且深知雍正喜怒无常的个性，所以总是紧闭着嘴巴，不随便发言，免得惹祸上身。他的作风让很多官员效仿，学他不乱讲话。也许就是这种个性，才让张廷玉可以在雍正朝保得全身而退。

雍正和张廷玉之间的情谊很深厚。有一次，张廷玉生病了，连着几天没上朝。

没有张廷玉在身边，雍正觉得浑身不对劲。他是个急性子的人，一想起什么改革的念头就要立即去办，平时有张廷玉在身边，要写旨意、要传人、要做什么都方便，现在张廷玉不在身边，他写字也乏味，看书也无趣，连吃饭

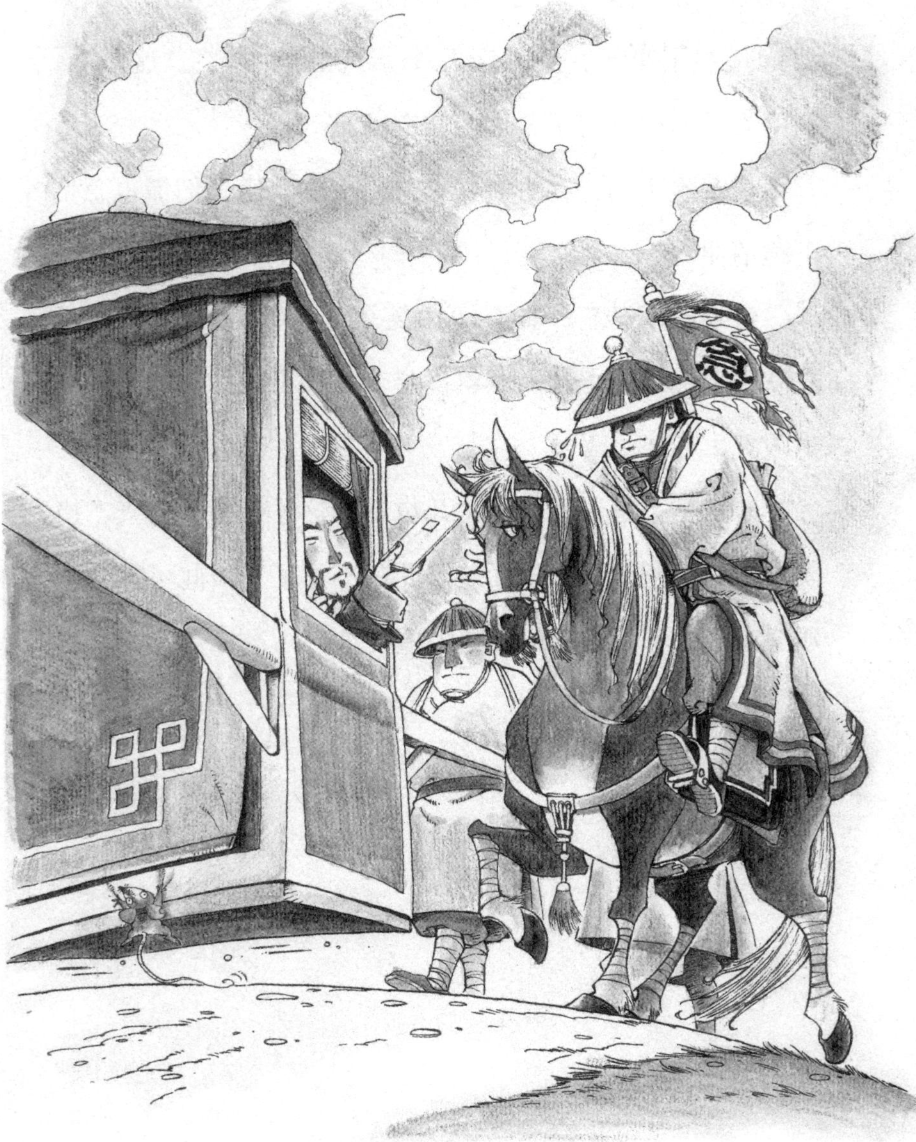
急

都没滋没味。这时，他终于放下筷子，对着面前的一盘黄河鲤鱼想了半天，突然对几个亲近的臣子说："这几天，朕的右手痛得不得了，你们知道吗？"

皇帝生了病，在古时候可是件大事，臣子们慌得急忙下跪请罪。

雍正瞅了他们一眼，不由笑了起来："张廷玉是朕的左右手，他没来上朝，朕就浑身乏力，不就像是朕的手臂也跟着生起病了吗？"

原来皇上是在开玩笑，几位近臣这才松了一口气，摸摸自己的脖子，脑袋瓜儿差点儿就不见了！由此可知，张廷玉在雍正心目中的地位有多重要。

7. 抄家皇帝

康熙六十一年（1722）十二月十三日，康熙皇帝去世才刚好一个月，雍正皇帝就下令户部总动员，清查全国亏空钱粮的情形。

他的十二弟履郡王允祹，也被查出有亏空公款。由于无法赔偿亏空的钱粮，只好在北京城的大街上，拍卖家里的古董。

"堂堂一个郡王也拍卖古董？"北京城的百姓们看着履郡王府里的仆人，不断地把古董搬出来时，都觉得很惊奇。

"真的，真的，履郡王管内务府，被查出来亏空了一大笔钱粮。他没钱，只好把康熙爷赏给他的古董花瓶、珍贵宝石全都拿出来卖啦！"

"哇，那咱们去看看，也许能捡点便宜货色买，说不

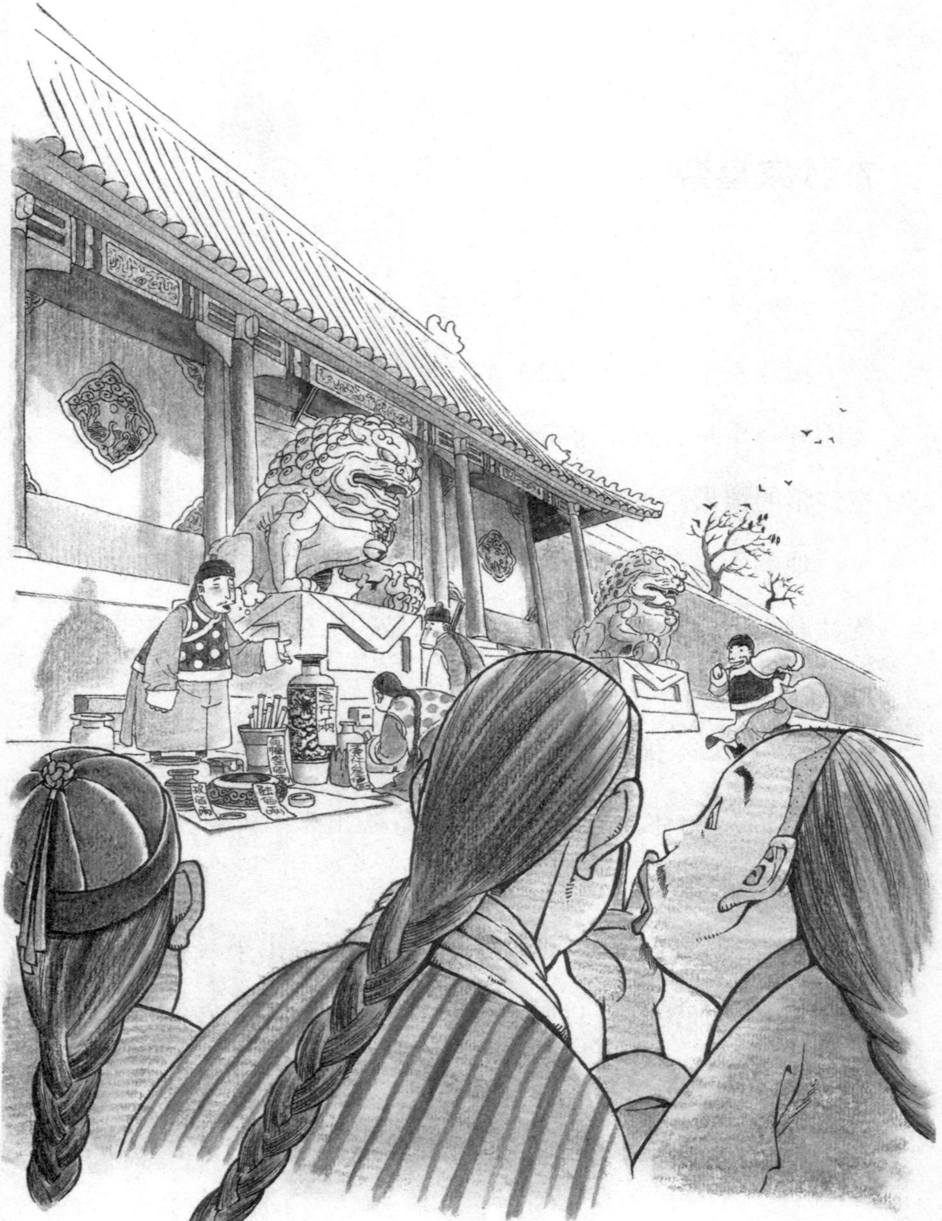

定连康熙爷送他的金尿壶，都能买回来用用。"一个小伙子吆喝着。

大街上，履郡王府的小厮果然摆了个摊子，几十个古董花瓶、盘子、观音头像都贴着价钱，等着买家。

人们不解的是："堂堂的郡王，又是当今雍正皇帝的亲弟弟，怎么会在街头卖古董？"

"你不知道吧！那是雍正皇帝要杀鸡儆猴，让那些亏空公款的官员心生警惕。"一个有见识的老者说。

老者说得没错，雍正是下定决心要一扫康熙朝留下的弊病。

原来，康熙晚年身体不好，办政事不积极，底下官员见皇上不管事，也学着多一事不如少一事，整天只想着怎样把国家的钱装进自己的口袋。

雍正一上任，就发现国库有大漏洞。没钱没粮的，怎么办事呢？

雍正的决断力，在这件事上全显露出来了。他才刚当上皇帝，便派人把全国的公库翻上一遍，追查国家有多少亏空的钱粮。

清查全国亏空，有太多人等着看笑话，如果他做得不好，他的那些政敌马上就会攻击他。

"大清有几万个官员，看他怎么一个一个查？"许多大官冷笑着。

"一上任，就想查我们？"王公们私下说着，"查不到的啦，我们早已将家产转到别的地方啦！"他们笑着互相举杯，想着这不过是新人新政，维持不了几天的。

雍正也知道这点，查亏空这一仗他只许胜不许败，只能往前进，不能往后退。他信心十足，不在乎其他官员怎么嘲笑，一决定就破釜沉舟地向前冲。

雍正的自信是有道理的。他不是个糊涂皇帝，更不是那种养尊处优的阿哥。和他的父亲康熙皇帝相比，他还有一个优势，就是洞悉下情。

他当了四十五年的皇子，有太多时间去摸清各级官员有什么鬼心眼、小动作；官场上有哪些流习和积弊，他也一清二楚。正因此，他非常明白再不快点对症下药，这个国家就会垮的。

他更知道，下级对上级，地方对中央，一向总是"上有政策，下有对策"。中央的政令到了下面，没有不打折扣的。清查亏空牵涉到官员们的荷包，这些官员岂有不研究对策之理？

那好，官员研究，雍正也研究。官员有对策，雍正更有对策。雍正的对策是，先研究官员们会使出的对策，再抬出自己的政策。他倒想看看这些官员还能耍什么花招！

雍正派出钦差大臣①。这些大臣由他亲自指挥，和地方上的官员没有瓜葛，而且都是他亲自挑选的精明干练之人。他再从各地抽调了一批候补的官员配合钦差大臣查账。

只要有官员被查出贪污，当场就摘下他的顶戴，予以免职，再从候补的官员里选一个同级官员接任。

雍正的这一手，让贪官们傻了眼。

以前如果官员出错，其他官员总会帮忙掩护，但是，面对雍正这种查到立刻免职的做法，这些贪官只能俯首认罪，想办法把亏空的钱粮补上。

有的官员知道皇帝要来查账了，就先和地主们商量，

---

① 钦差大臣：专门出京办理皇帝交代的差使的官员。因为奉皇帝的命令办理事务，所以叫作"钦命差使"，简称"钦差"。

借钱借粮放在公库里让钦差大臣查,等查完账,再归还给地主。

这一招,雍正也预先防备了。他向全国下通告:"谁也不准借钱粮给地方官。如果要借也可以,借给官府的钱粮就是国家的,谁也别想把它们收回去。"

"借钱不能要回来?"富户们虽然不想得罪官员,但更怕扁了荷包又得罪皇帝,于是纷纷表明不再借钱粮给官员了。

贪官们的对策又被雍正粉碎了。

查到贪污的证据,雍正立即要官员赔偿,而且每一笔账都要查清楚,不能混淆。

雍正说:"一定要抄到这些贪官污吏山穷水尽,教他们的后代子孙做个穷人。"这道命令一下,全国一片抄家声,雍正也得了个"抄家皇帝"的封号。

这些贪官看来只有"死路一条"了。

可惜,在雍正的时代,他们连"死路一条"都没有。

雍正的政策是:"死了也要找他的子孙要!"

雍正四年,广东官员李滨、福建官员陶范,都因为贪污、受贿、亏空而畏罪自杀，雍正还下令让他们的子弟、家人赔出亏空的钱粮来！

雍正追讨贪款连死人都不放过，在现代看起来狠了些，但在当时贪污成风的年代，不下狠心就挡不住贪污腐败之风。

事实证明，雍正确实消灭了贪官污吏，让大清的吏治为之一清。雍正主政不到三年，国家库银就由康熙末年的八百万两增至五千万两。更重要的是，社会风气改变了，一片繁荣景象，这都是雍正的功劳。

8. 火耗归公

为了让社会廉明，雍正还下令官员不准收礼。

他认为社会风气之所以不好，就是因为大家这样私相授受，把公家的事和私家的事混杂在了一起。为了向上级送礼走后门，自然就会向百姓们收贿，说穿了，都是一个"贪"字，所以，除了清查亏空，他更想扭转这种送礼的风气。

中国人常说有"礼"走遍天下，无"礼"寸步难行。这些当官的都认为，只要送的人和收的人都不对外张扬，远在京城的皇帝又怎么会知道呢？于是下属依然送礼，长官照常收礼。

没想到雍正棋高一着。他派出无数的耳目，安插在大小官员身边。这些皇上亲派出去的密探专门把官员大大小小的事，一五一十地向他报告。

巡察御史博济到江南巡察，江南的地方官员便借机送他礼物，希望他回京后能对皇上美言几句，说他们在江南这个地方非常尽忠职守，不要来清查这里亏空的事。

博济看了看这些送来的礼物，无非是黄鱼、螃蟹、水果等土产，心里很不高兴。他故意刁难地说："你们想要我回京说你们工作认真，但心意只有这么一点，那我的报告也只能一点点。"

江南的官员急忙伸手过去，把黄鱼拨开："大人请看，咱们的心意可是很足够的，大人不要被外表给骗了呀！"

黄鱼下，是亮锃锃的金子和珠宝。

博济呷了一口茶，轻轻点着头说："你们果然很有心意，老夫就不客气啦，相信皇上知道诸位的辛苦，一定也很高兴。"他伸手把黄鱼拨上，心满意足地摇头晃脑起来。

这些地方官拿来孝敬博济的"心意"，当然也是向地方上的百姓敲诈来的。

博济以为此事神不知鬼不觉，这些"心意"他可以安心地带回北京。

没想到，远在北京城里的雍正却在密探的报告里，得

博济

知了这件事。

"好呀，朕三令五申不许收礼，博济竟然敢违抗朕的旨意。"雍正愤怒得真想立刻把他抓到面前来训斥一番。

"来人呀！传旨把博济的顶戴给朕摘了，看看还有谁敢再收礼！"雍正还加派一道谕旨，"以后如果再有人胆敢私自接受贿赂，一定是上级督导不周，因此，连同他的上司一起受罚。"

雍正的命令一下，各地长官看到皇帝摘了巡察御史的顶戴，怕下属送礼连累了自己，急忙对部属宣布不能送礼来："谁敢送我礼，我就把他的顶戴一并送进京。"

这招打蛇先打蛇头的方法，也是雍正想出来对付贪官的妙计。

雍正大力清除贪污，禁止收礼送礼，却让很多官员过着"官不聊生"的日子。

原来，中国历史上，清朝官员的薪水几乎是最低的。

当时一个九品大小的官，一个月的俸银不过三十三两，比地方上小地主的收入还要少；薪水虽少，遇到了上司的生日喜庆却要送礼，过年过节也要送礼，想升官更要送礼，有事相托没有礼，哪有颜面去登门呢？

这些上司收到了礼，也有他们自己的苦恼。他们的薪水也不高，收了礼回头也要送给他们的顶头上司，环环相扣，一层剥削一层。现在皇上一再禁止收礼，可苦了最下级的官员，他们的薪水本来就最低，现在更没人会送礼给他们，为了生活，只好把脑筋动到寻常百姓的身上。

地方上的小官有向百姓们收税的权力，于是，他们便假借各种税收的名目，伸手向百姓们要钱了。

老百姓缴税时，送来的是碎银和铜钱。地方小官要送到中央时，必须先将碎银加工铸造成大的银锭。可是在熔解碎银时，如果里面有杂质，熔解后的重量便会不足而有损耗，地方官员自然无力负担这笔"火耗"的费用。

如此，百姓交来的税，中央政府不愿少收，而这种额外的损失，地方官员又无力支付，于是，官员就把这样的损耗变成另一条税，再向人民征收。

有的地方官为了自肥，更为了送礼和生活，一口气就加了好多税。地方官收来的额外税，大多进了自己的口袋，少部分才交到中央政府。他们的理由竟然是："我们的薪水低，如果没有这笔收入，怎么生活得下去？"

雍正既然要打击贪污，这种名目繁多的税收自然也要取缔。于是，他令大臣们集思广益，提出一个确切的办法来解决。

他们讨论出一种"养廉银"的制度，就是由政府统一收"火耗"，用收来的"火耗"给地方官员加薪，而地方官不能再加收其他名目的税。如此，希望官员能因为薪水增加而不再送礼和受贿。

雍正觉得有道理，便批准山西、河南等省实行养廉银制度。

山西、河南等省首先推行这个制度，其他省份也跟着实施。雍正登基不到一年，就让国家的税收、官场的风气，有了大大的改变。

由于一条不准收礼的政策，让整个官场的生态有了根本的转变，百姓也不用被各种税收压得喘不过气来，可见政府做事如果能多站在百姓的立场想一想，一定可以施行许多有利民生的好政策。

9. 尊孔禁洋教

雍正登基的第一年，就追封孔子先世为王，以表示对孔子的敬意。

雍正三年（1725），又一道圣旨传到各地："孔子乃是至圣先师，他的为人值得大家推崇。为了表示尊敬，凡是姓丘的，全都要改成'邱'；名里有'丘'字的，也都要改用别的字代替。"

这道圣旨让很多姓丘的人愤愤不平。"我们姓丘姓了几千年，从来也没有事，为什么要我们改姓？"几个血气方刚的年轻人喊着，看得出来他们都是丘家的子弟。

"嘘！年轻人啊，你们可别大声嚷嚷，小心犯了没有'敬避御名'[①]的罪，不然，到时候几个头都不够砍呢！"

[①] 敬避御名：中国古代对皇帝的名字，全国的臣民都要避讳，称为"国讳"或"公讳"。另外，父母或祖父母的名字，全家后代的人都要避讳，这叫作"家讳"。还有一种是既非皇帝又非尊亲，而是周公、孔子一类圣人的名字，也要避讳，这叫作"圣讳"。这三种避讳中，"国讳"是最为严格的一种，连皇帝本人也必须遵循。

一个有见地的老汉说。

"'敬避御名'？这是什么意思？"年轻人不服气地问。

"自古以来，只要有人的名字跟皇帝的一样，都要自动去改名；如果不改，被判个大不敬的罪，可是要杀头的呀！"

"可是，孔子又不是皇帝！"另一个小伙子说。

"孔子虽不是皇帝，但皇帝认为他是圣人呀。当今雍正皇帝尊敬他，你们姓丘的人就只好改个姓吧！"老汉说，"况且……"

"况且什么？"小伙子性急地问道。

"你们可知道，这雍正皇帝叫什么名字吗？"老汉压低了声音接着说。

"胤禛呀！"一个白面书生回答道。

"这就是啦！雍正皇帝登基的第一天，就命宗人府下条子，要他的兄弟统统不能再用'胤'字啦，什么'胤禔''胤礽'全要废掉。"

"不能用？那改成了什么？"

老汉摸了摸胡子，笑着说："'胤'字不用，全改成了'允'字，'胤禔'变成'允禔'、'胤礽'成了'允礽'，你们想一想，那些皇帝的兄弟，哪个不是亲王、贝勒和大将军的？可是皇帝叫他们改名字，他们谁敢不改？你们只不过是小老百姓，还敢在这里大声嚷嚷？"

老汉的话，让这几个丘姓的年轻人悻悻然地离去了。他们一到家，就急忙把祖先牌位上的"丘"，全改成了"邱"。

"老祖宗呀，不是我们不尊敬您，谁叫我们的姓和孔子的名字相同呢？"比较注重传统的老人掉着泪说。

雍正很尊敬孔子。他常说："天地君亲师是人人都要尊重的，而能把这个道理解释得清清楚楚的，只有靠教育。孔子重视教育，教育大家都要有人伦思想，是至圣的老师。"

孔子是儒家学说的代表人物，因为雍正尊敬他，所以就有更多人跟着提倡儒家学说。

雍正一方面尊孔，另一方面却对西洋传教士在中国的传教大力查禁①。

那时的浙闽总督觉罗满保，认为洋人来中国是来宣传

---

① 因传教士卷入宫廷政争，雍正下令全面禁教（1723），禁止西洋传教士在中国的传教活动。不过，雍正的禁教并没有彻底实施，却使西学的输入中止。

邪教、煽动人心的。他向雍正提议："把懂得西洋科学的传教士送到北京，其他的全送到澳门去。"

接受传教士和西洋科学是康熙最热衷的事，因为康熙采用开放的态度，才能把西洋的科学带进中国来，促进中国的进步。

可惜，雍正信佛，又相信道家的炼丹养身之术。

雍正认为道士炼的丹药可以延年益寿，他不但自己服用，还把这些丹药送给亲信大臣。大学士鄂尔泰服用后，也说大有功效；年纪较大的河东总督田文镜，也从雍正那里受赏过不少丹药。

雍正觉得觉罗满保的话很有道理，便命令各地官员把传教士送到澳门集中管理，如果年纪太大不想去澳门，也不想回国的，就只能住在广州的天主堂，不能外出传教，百姓们更不能进教堂。

对于外国使臣，雍正也不让他们在北京城住太久；真要住下来，那就要放弃自己的国籍，入中国籍，终身不能回国。只有少数传教士，像南怀仁、白晋等人因为在北京城里当了官，还能保留自己的宗教信仰。

各地官员根据这道命令,将禁教一事风火雷急地开展起来。沿海的省份是洋人来中国最先落脚的地方,也有最多的教堂,官员在禁教上也特别努力。

雍正信任的大臣李卫,对于禁教执行得特别卖力。

李卫那时正在杭州当官,他亲自带着侍卫,查封杭州城内大大小小的天主堂。

"把传教士押起来,送到澳门。"李卫高喊着。

传教士们大声喊冤,不想去澳门。

李卫板起脸来:"你们是敬酒不吃吃罚酒吗?给你们脸,你们不要。来人呀,把这些洋鬼子五花大绑,押到澳门去。"

"大人,那些教堂怎么办?"部下们问。

"要不要放把火烧了?"有部下提议说。

李卫看看那些有着尖塔的洋教堂,计上心来:"这些洋鬼子的庙里住的什么乱七八糟的神,咱们全都不认识。咱们还是请妈祖娘娘来,只要把白墙涂红,加个香炉,包管西洋鬼子的神自动让位。"

众部下听了直夸好,却让在旁边观看的人摇头叹气。

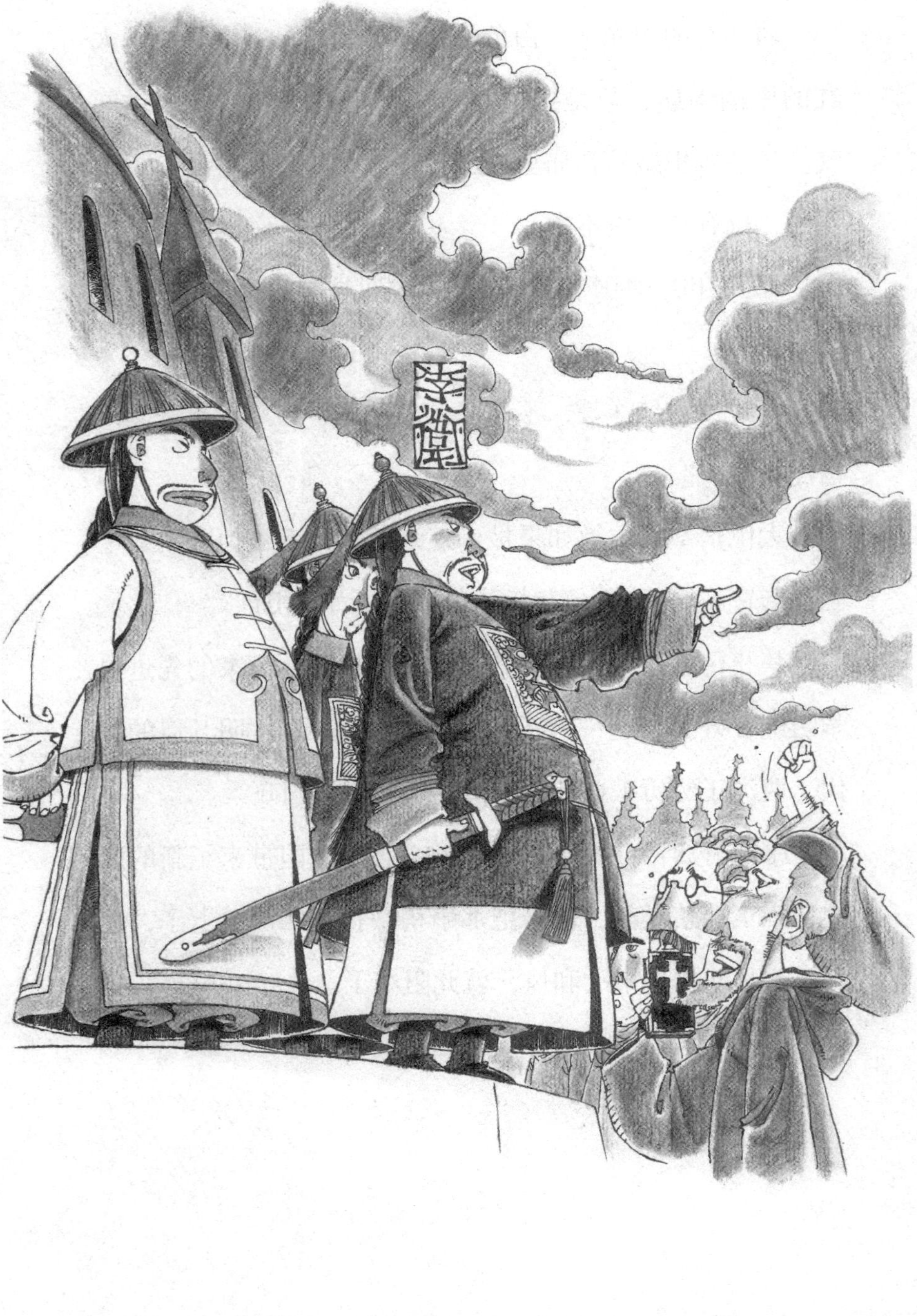

白花花的阳光下，白色的西洋教堂摇身一变，成了大红的中国寺庙，只是尖塔有些刺眼，更改的痕迹太过匠气。虽然妈祖娘娘在庙里安座，却怎么看怎么奇怪，不中不西，也有点不伦不类。

那几年，中国各地都可以看到这样荒谬的剧情上演着。

雍正极力禁洋教，不许汉人信洋教，当然更不许满人信洋教。

大臣信奉天主教如果被雍正知道了，都被他在朝廷上当面指责："你们这是背叛了祖宗，违背了祖训。"

禁止传教士来中国传教，同时也把随之而来的先进科学阻绝在外了。这一中断，恰恰在西方科学文明开启的年代，西洋正经历工业革命，清朝却实行锁国政策。

康熙喜欢西洋科学，开明的心态给中国带来了新的风潮；雍正严禁洋教，等于把那扇稍微打开的窗关上了，让好不容易吹拂进来的和风，就此阻绝了。

10. 士绅一体当差

雍正二年。

河南省巩县①县衙门外头，贴出了一张新的布告令，白纸黑字在阳光下格外刺眼。

"即日起，生员与百姓一体当差。"

这道布告令的意思是，只要是家里有田产的人，不管你是官是民，都必须服从政府所派拨的差役。

全民上下对国家服相同的劳役，是一件很稀松平常的事。可是在清兵入关时，为了拉拢儒生的心，当时就规定，当官的人和儒生都可以免除一部分的丁役。官方在收钱收粮时，将官员和儒生分别称为"官户"和"儒户"，不用服劳役。

---

① 巩县：今河南省巩义市。

地方上的乡绅和官员便利用这条法令，互相勾结，凭借自己的特权，少出甚至不出自家的赋税和徭役；一些乡绅还代替地方官员向老百姓们征收钱粮，并让亲戚寄户在自己门下，借以逃避应缴的钱粮。

如此一来，税赋就全转嫁到百姓头上了。那些天天与田地为伍的农夫，肩上的担子又加重了，百姓苦不堪言，官员和儒生却乐享其成。

雍正看出这项弊端，便决心改革，于是下旨施行士绅一体当差的政策。

改革，常招来许多人反对。

果然，巩县的布告令张贴不到一天，几个儒生便在县衙外头聚集起来。

"几十年来，儒生都不用当差，为什么现在却要？"他们忿忿不平地说。

"这一定是县令张可标在搞鬼，我们找他理论去。"说话的人是巩县的县学教官杨卓生，他一向和张可标不和。

"对对对，一定是张可标搞的鬼。"其他儒生附和着。

杨卓生登高一呼，巩县的儒生们很快就聚集起来了。

他们先聚集在县衙门外头,接着霸占县衙。值勤的捕快看到来闹事的都是儒生,一时不知该如何是好,急忙向县令报告。

县令张可标没见过这么大的阵仗,一时慌了手脚躲了起来。儒生们见县令躲着不出来,申诉无人理,于是久久不肯离去,不但强占官府办公厅舍,还到处与人滋事。

消息传到雍正耳里,他一方面迅速要求河南巡抚调查张可标是否贪污,一方面又派了大军,将所有闹事的儒生逮捕。

巩县的动乱平息了,河南封邱县①的儒生却又传出动乱的消息。

河南封邱靠近黄河边,修筑黄河的河堤需要不少民工苦役。

当时封邱县令唐绥祖,依照雍正"士绅一体当差办法",要求"家里有田地一百亩者,都要出一个民工"。

唐绥祖的命令一出,立刻引起当地秀才的反对。

---

① 封邱:今河南封丘,因当时"丘"字避讳,故名封邱。

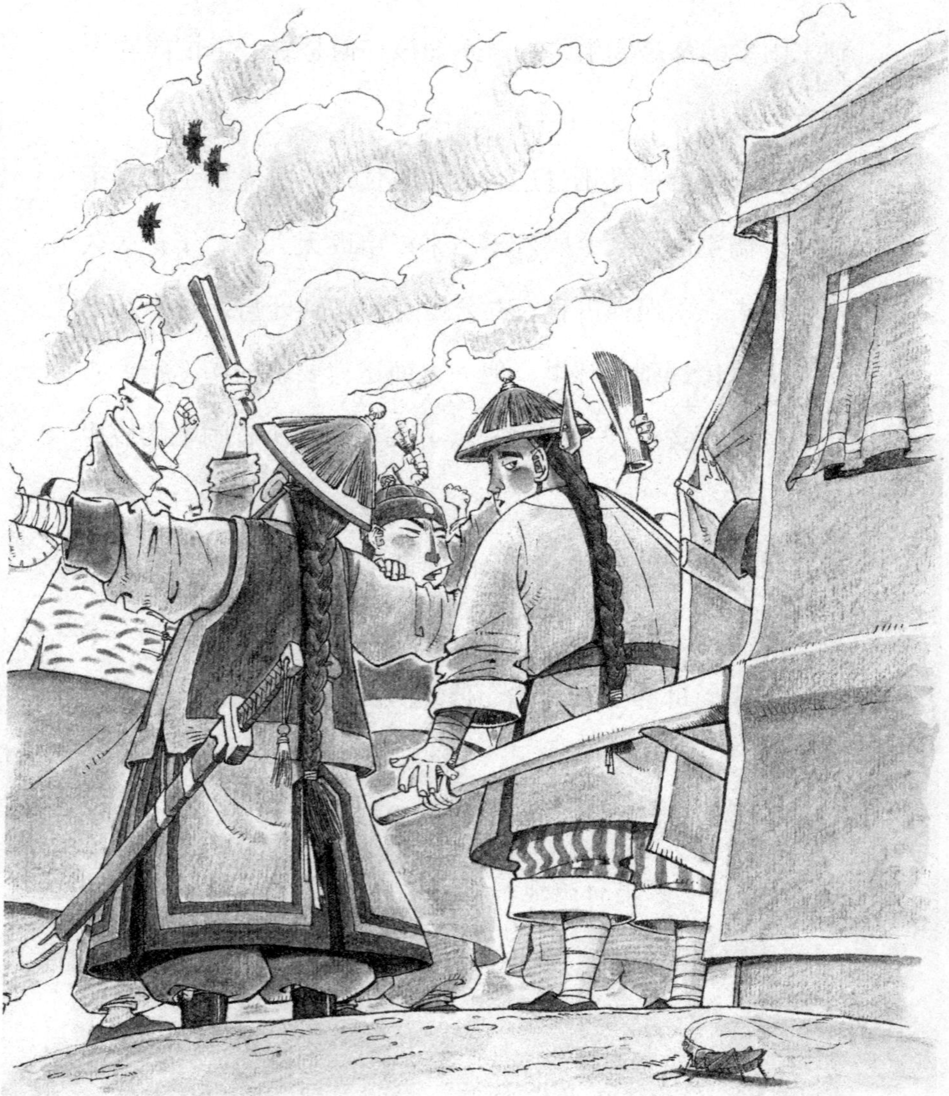

几个秀才分头向儒生说:"征收钱粮几十年来都是依儒户和官户分别办理的,这是我们的权利。"他们的意思很清楚,秀才是儒生,多年来儒生都不用去服劳役的。

带头的秀才王逊、范瑚找了许多儒生,在半路上拦截县令唐绥祖的轿子。

"我们是儒生,怎么可以和一般百姓一样,去河水里掏泥沙搬石头呢?"王逊很生气地说。

"是呀!是呀!儒生本来就比那些老百姓的地位要高呀!"其他秀才群情激愤地说。

唐绥祖请出圣旨说:"士绅一体当差,这是皇上的政策,大家都是百姓,谁也没比谁优越。你们谁再闹事,我就把人通通捉起来。"

唐绥祖的态度让这些儒生转变了策略,他们明着不敢闹事,却在背地里开始密谋起来。

"今年的乡试,我们儒生不要去考。"范瑚仗着自己是武生,带头说,"大家都不去考试,朝廷才能知道我们的心声。"

"对对对,朝廷不重视儒生,我们就不考。"其他儒生果然不去应考。

少数几个儒生想去考试，范瑚还带人挡在考场前；有人冲进去考试，他还把考卷抢过来，不准他们写，并嚷着："我们罢考，除非朝廷改变政策。"

风波越闹越大，雍正便派大臣张廷璐和陈时夏去处理，并说："士绅一体当差，是朕推行的政策，也是对国对民有帮助的好事，你们一定要好好向这些儒生讲清楚。"

张廷璐和陈时夏连连称是。可没想到，他们到了封邱转而同情儒生，认为雍正的政策不对，在审理这件案子时，既不升堂也不开庭，私下把儒生聚集在一起开座谈会，拜托他们来应考。

雍正认为张廷璐和陈时夏包庇考生，于是免了两人的职位，派刑部侍郎阿尔阿松赶赴河南，和总督田文镜一起审理此案。

阿尔阿松支持雍正"士绅一体当差"的决定，他知道这是让税收制度健全的好方法，所以在审理时，和田文镜一起秉公办理，将闹事的首领王逊和范瑚处斩。

这些儒生便不敢再闹事了。

同时，雍正又针对这次罢考事件，下了一道命令："以后再有人敢联合罢考，就永远停止他的应考资格，全县罢考，也照样办理。"

对于当时的儒生来说，当官唯一的途径就是考试，如果被判终身不能应考，等于把一生的前途全葬送了。

于是，雍正的士绅一体当差的政策，就在他的决断下，顺利地推行起来。从此以后，不管是儒户还是官户，都要和百姓一样服劳役，雍正朝的税收制度也因此向前跨了一大步。

11. 为贱民除籍

雍正除了采行"士绅一体当差"制度，让人民在服劳役与缴税赋上能尽量公平外，在其他地方，他也能注意到人民是否受到公平对待，例如为各地贱民除籍就是一例。

明朝初年，朱元璋死后，明惠帝继位。

惠帝的叔叔结合了一批大臣，把惠帝赶下台，自己当了皇帝，就是后来的明成祖。

成祖当了皇帝，对支持过惠帝的大臣展开报复行动，该杀的杀，该关的关，还把一些官员贬为奴隶。古时候，只要一入了奴隶籍，子子孙孙就很难有翻身的机会。

这些人的后代，只能做别人不要做的工作，比如挑粪、送葬，等等，每一个人都可以对他们打骂、欺凌。更可怜的是，即使他们存了钱，想向地方官请求改变身份，地方官也不准。

雍正元年三月，监察御史年熙向雍正写了报告。年熙说："这些人都是大清子民，却因祖先数百年前犯的过错，而永远不能抬头见人，求皇上加恩，给他们一个重新当'人'的机会。"

雍正很重视这个报告，命令礼部调查。

礼部到全国各地调查之后，没多久，在各地都发现有这种不公平的户籍存在。

浙江御史噶尔泰发现，在浙江一带，有一群人是以捉青蛙、卖锡器、替人赶鬼、演戏、抬轿子或是打零工的方式维生，这些人被称为"惰民"，因为他们的祖先在宋朝时犯了罪，集体被判为"丐户"。

宋朝距离清朝的年代更远，可是这群"惰民"却因为祖先犯的案子，一代又一代在浙江地区过着凄惨的生活。

他们只能捡别人不要做的工作来做，地方上的百姓鄙视他们，地方士绅对他们毫无怜悯之情，地方官员更规定他们不可以读书考试，不能当公务员，不可以跟一般人家的人结婚，甚至在公共场合都不能随意出现。

噶尔泰还说："这些人住在贫民窟，过着暗无天日的生活，活着时享受不到一点儿当人的尊严，死的时候就像条狗般被人遗弃，地方官也不闻不问。更可怕的是，他们的孩子还没出生就已注定要悲惨地过一生。请皇上替他们除去这个不名誉的罪名，让他们在皇天之下享受皇上的恩泽。"

除了噶尔泰，还有人查到，有些贫苦的农人因为家里穷，没有房子，没有农具和牲畜，为了求得一顿饱饭，自愿到大户人家当奴仆。这些可怜的穷人不识字，被骗签下"卖身为奴"的契约，结果成了地主的"世仆"。

成了世仆，那就连后代子孙的未来也全卖了。后代的子孙只能一辈子当地主的奴隶，不可以改变职业，不可以搬家，连结婚办丧也都要完全听从主人的安排，主人如果要卖田地，也可以把他们当成财产一起转卖。

看着各地方调查出来的报告，想着那些可怜百姓的生活，让一向处事明快的雍正下定决心，一定要让普天下的百姓都有好日子过。

可是，礼部却反对。

他们说："捕青蛙、卖饼、为人做媒、帮人做杂工，

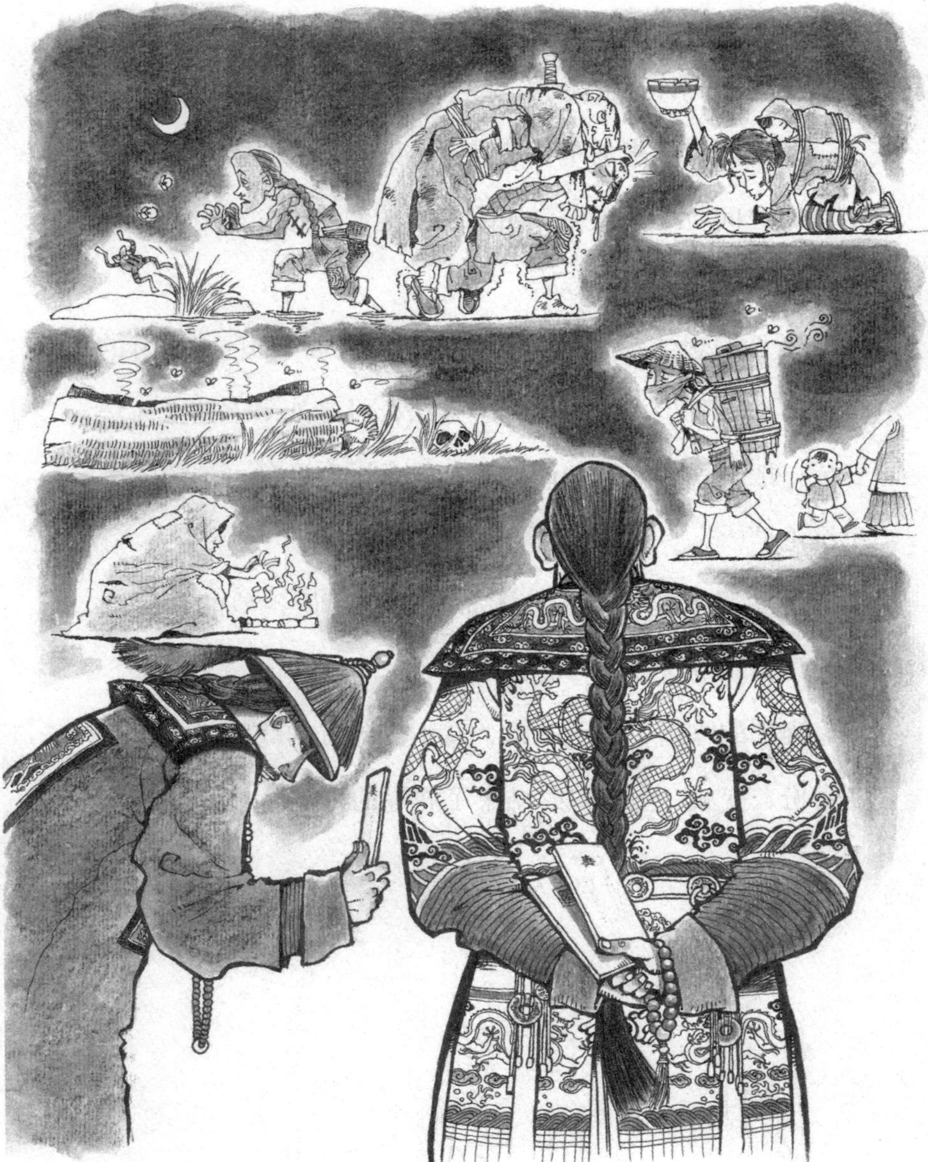

是贫民谋生、赖以糊口的工作，如果现在把他们除了籍，就好像是不允许他们再做这些事，他们反而没有饭吃了。"

礼部的官员想的是贸然替这些贱籍的百姓除了籍，他们一时之间将无法谋生，明明是为他们着想的好方法，却可能变成逼死他们的恶法。

雍正的想法却更远。他反驳礼部的官员道："一时的不便，地方官员可以为他们想办法，可是如果这些人无法变成一般良民，那么他们的子孙将永远在这种可怕的贱籍里沉沦。"

他劝服了礼部，并且颁布了命令，让各地的贱民除籍，让奴隶翻身成为普通百姓。

雍正的除籍令下了之后，有不少地方的贱民都因此改变身份，变成一般良民，结束了屈辱的日子。

12. 密折制度

在雍正之前的康熙皇帝，发明了一套密奏的方法：大臣们在向皇帝请安问好的折子上，顺便把他们想上奏的机密事项写在里头，不管是揭发其他官员的不法事情，或是各地方的民情，都可以写。这种密奏，只有皇帝本人才看得到，其他的大臣看不到。

康熙的做法，让鱼肉乡民的贪官污吏不敢为所欲为，舞弊的官员收敛不少。所以康熙曾说过："天下的大权，朕一人独可操控，不可落在他人手上。"

建立密奏制度，让康熙在全国各地建立了情报网络，替他打探各种消息，这使皇帝的施政更加快速有效。

雍正也将康熙的密奏制度学起来，还加以发扬光大，变成密折制度。

雍正规定，不管是在京城或是外派的官员，都要实行

"密折"制度,尤其是在京城各部的监察官员,每人每天都要写一道"密折",一折只说一件事,不管事情大小都要据实以报,即使无事好奏,也要说明为什么无事可报。

这些密折只有雍正能看,他看完再用红笔写评语,叫作"朱批谕旨",最后发还本人。

雍正许多重大的政策,都是通过密折往返后,才实施的。

雍正最重视"保密",各地官员在密折里所谈论的事涉及广泛,也牵涉到官员的任用与升迁,为了不让内容外泄,雍正一再向属下讲:"密之一字,最为要紧,不可让任何人知悉。"

他还交代臣子们:"在地方上查访,要当心谨慎,不能诬陷好人,也不能放过坏人,如果不能保密,还不如不要向朕呈报。"

有一次,雍正在密折里对甘肃省提督路振声说:"你弟弟路振扬办事勤奋,朕觉得十分欣慰。"

路振声是武人出身,平时不重小节,一见皇上称赞弟弟,觉得这是家族荣誉,更想把这个好消息告诉弟弟。他把皇上的朱批抄下来，转寄给路振扬，希望让弟弟知道，皇上很看重他，还称赞他。

路振扬读完信，喜不自禁，觉得能被皇上称赞，真是三生有幸，于是提起笔来，就写了封奏折，寄到北京城去向雍正谢恩。

雍正生平最恨泄密的人，这下路家兄弟马屁拍到马腿上。雍正很气路振声把朱批密折的内容外泄，拍着桌子大骂："朕有旨，一切的密折不可以外泄一个字，不许告诉任何人，路振声公然把朕的朱批抄给他人看，眼里大概没有朕，传令下去，今后再有人胆敢泄露朱批一字，朕即要他项上人头。"

群臣忙着替路振声求情，请雍正原谅他无心的过错。

雍正后来没有处罚路振声，因为知道他是个武夫，但也可以由这里看出雍正对密折内容外泄的重视。

为了确保密折内容不外泄，雍正把官员们看过后的朱批奏折全部回收。

这些密折都有特制的皮匣，配上锁匙，只有官员和皇帝才有钥匙，别人无法打开来看；奏折会直接送到皇帝手

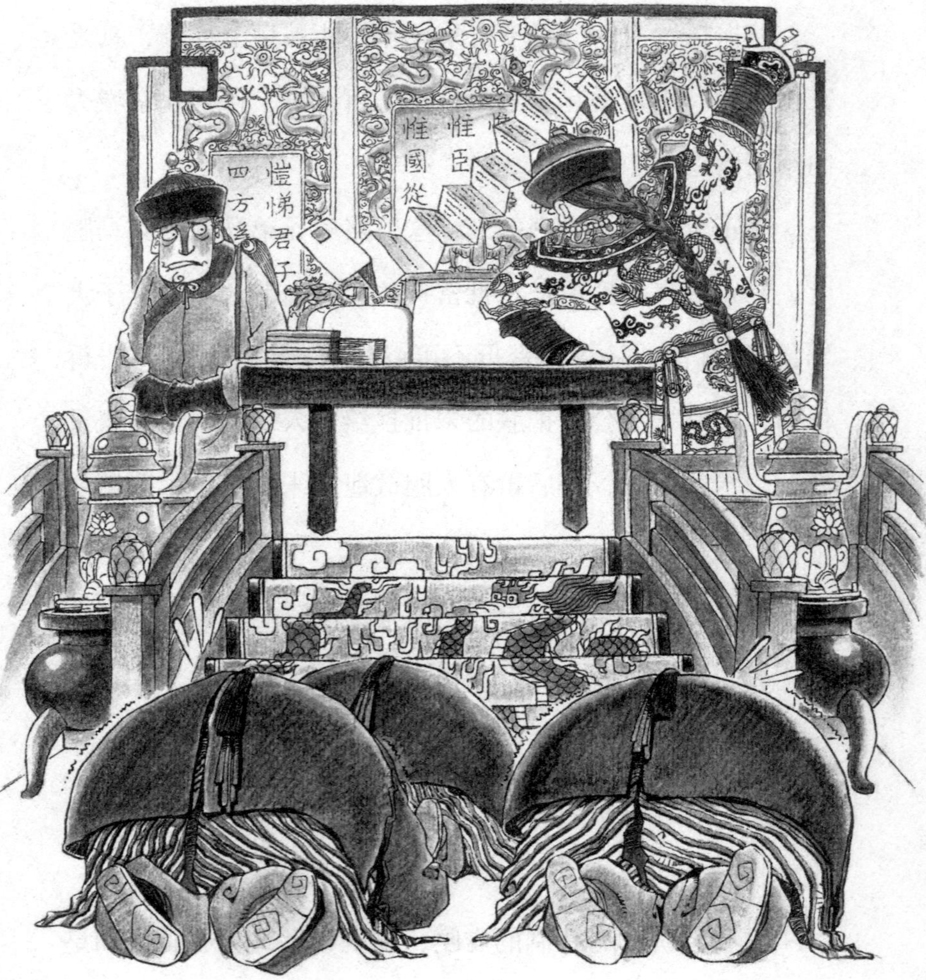
愷悌君子
四方
惟臣
惟國從

上，他亲自开匣，亲自批阅。

每一天，雍正都要看很多很多的密折。他说："各省文武官员的奏折，每一天至少三五十件，有时多到七八十件，都是朕亲自批阅，从没有假手他人，也没有一个人看里头的内容给朕意见。"

为了批密折，他常常工作到凌晨，朱批的字数也与他看密奏时的心情感受有关。有时批一二十字，有时批上百字甚至千字，他的朱批常常比大臣们上奏的内容还多，像现在老师改作文一样，劳心劳力，付出很多的心血。在他的朱批中经常可以看到"灯下所批""灯下逐条省览"等字样，由此可见，他真是一位勤政的皇帝。

密折让他对官员的才能有更进一步的了解。有人检举某人贪污，利用密折告诉了雍正，雍正并不会立刻下判断，他会请其他人也去观察，再从中判断到底谁对谁错。

密折也有信的功用，可以维系君臣的情感。臣子生病、工作有成就，密折就化身成君臣间的情感桥梁，雍正随笔几句甜言蜜语，往往让臣子们感动得五体投地。

大臣犯错时，隔着几百里，雍正也能利用密折对着官员大骂。雍正是个严厉的皇帝，骂起人来，往往让这些饱读诗书的大臣招架不住。也许是因为有这样的朱批，时而对大臣说好话，时而对大臣咒骂，雍正才会让人有种"喜怒不定"的感觉。

像雍正骂漕运总督张大有办事不力，在奏折上批著："你写这种奏折，朕简直要笑死了。"

湖广总督迈柱得到的评语更难堪："一切的施政作为，湖广都比不上其他省，原来，这是因为你比不上其他人，哎呀！朕真是为你感到羞愧呀！"

雍正的朱批里，也有很多很精彩的句子，有些读起来富有哲理，简直可以拿来当成座右铭。

像他给年羹尧的朱批："凡人修身行事，是即是矣，好即好矣。若好上再求好，是上更觅是，不免过犹不及。"这则朱批在劝官员不要吹毛求疵，凡事尽力做好即可。

他还给石文焯写过一则朱批："涓涓不塞，流为江河，所以圣人谨于防微杜渐，若不除之于早，其害必致蔓延，此事慎毋泛泛视之。"这则朱批是叫石文焯要谨防小毛病，时时警省自己，把小缺点除掉，才不会变成大过失。

你看，雍正虽然一天要批很多折子，但是写出来的话还是很有意思，值得我们好好品味。

雍正十年，他宣布要将密折全部印成书，让天下的臣民们了解他治国的理念，可惜直到他过世，这本书都还不能出版。等到他的儿子乾隆当皇帝，才把一部分的密折编印成书，书名定为《朱批谕旨》。

这本《朱批谕旨》收录了七千多件密折，却只占所有档案的两三成，原件大概超过三万件。如果我们一天读一件密折的话，也要读上一百年才能读完。雍正只当了十三年的皇帝，却有三万件的密折，要细看又要详写看法和心得，想来，雍正真是古往今来最努力治国的皇帝了。

13. 不杀谏官

朱轼是雍正很看重的一名官员，他的官不大，却常常冒死进谏雍正。对雍正想要做的事，如果觉得是不对的，他就会提出自己的反对意见，该说就说，该做就做，让朱轼身旁的人都很替他担心。

人们都知道雍正是个十分严厉的人，他的兄弟被他关起来，他的功臣即使做到了抚远大将军，也还是照样被他处死。

可是朱轼不怕。

雍正决定实施火耗归公，并把火耗归公当成自己最大的成就，在全国各地如火如荼地推行。

可是朱轼反对，他认为火耗归公后，用养廉银去供养官员是一件很不合理的事。他说："会贪污的人并不是你给他们更多的薪水，他们就不会贪污了。人的贪念是没有尽头的，给他们再多的钱，他们只是厚颜无耻地收下来，回头还会向百姓们敲诈勒索。"

皇帝正要推行新政，却跑出一个朱轼来唱反调，说新政的坏话，支持新政的人都等着看朱轼的脑袋哪一天搬家。

"小小的朱轼，也敢在老虎嘴上拔毛？"这只老虎指的当然是一向喜怒无常的雍正。

可是，出人意料的是，雍正不但没杀他，还把他升了官，要他去教育皇子弘历等人。

他说："朕知道朱轼一心为国家着想，才会这样勇于向朕进言。杀朱轼不难，但是杀了他，往后又有谁敢向朕说真话呢？"

朱轼升官后，直言的个性仍然没改。

没多久，朝廷又要对西北用兵了，打仗要花很多钱，也会死很多人。朱轼知道后，又出来反对。

其他大臣懂得见风转舵、揣摩雍正的心思，都知道雍正想大举用兵，一次性解决西北边疆的乱事，因此，朝廷上下都是一片支持用兵的声音。

"这个不识时务的朱老头，他以为当几天皇子师傅，就可以教训皇上了。"大臣们私下议论纷纷，还有人也等着看笑话。

朱轼的奏折上去了几天，雍正对他既不理也不睬，看来对西北用兵的政策是不可能更改了。

朱轼于是下了决心，再写一封奏折，说自己病了，想要回家乡养病。其实他是觉得自己的话不受重视，想回家种田。

没想到，雍正一接到他的奏折，就把他召到了殿上，当面挽留他。

朱轼一介书生脾气，坚持要退休养病，不断地叩首说："请皇上准臣所奏，让臣返乡养病。"

雍正看他那副义正词严的样子，再细想他的出发点，其实也都是为国为民，于是趋前扶他起来，很认真地对他说："你的病如果医不好，朕怎么忍心留你下来；只是，如果你的病还可以医治，你怎么忍心对朕说你将要走呢？朕希望你留下来，为朕多讲讲真话呀！"

朱轼本来是真的想要走，但听到雍正的话，双膝不禁

弑
失

跪了下来:"臣不退了,臣不退了,皇上如此爱臣,臣的病也好了大半。今后就算有人用刀子架在臣的脖子上,臣也要赖在京城里不走了。"

自此以后,朱轼死心塌地为雍正朝当官,当然,那副脾气终身不改。他对雍正的措施都很认真地研究,发现有什么不妥的地方,就尽责地上折子、写报告。雍正很赞赏他的刚直不阿,也因为他们君臣相处的方式,让其他的官员敢于提出不同的声音。

孙嘉淦也和朱轼一样有话直说。

那时,雍正皇帝刚刚即位,正是和几位兄弟争权夺利的时期,几位亲王不是被关,就是被降职。在翰林院里当个小官的孙嘉淦,大胆地写了一封长长的折子,希望雍正能够"亲近兄弟珍惜骨肉之情;朝廷不要再为了银两,把官位卖给百姓;对西北的用兵也要立即停止,免得劳民伤财"。

雍正看完,气得暴跳如雷,说:"谁,他是谁,敢对朕说这种话?"雍正那时最恨别人说他杀害兄弟,他总是认为,如果不是兄弟们想争皇位,他也不用这样大开杀戒呀！

皇帝生气时，旁边的人大气都不敢喘一下。雍正气愤不已，立即把管理翰林院的朱轼叫上朝。

"说，这个孙嘉淦是什么样的人！他居心不良呀！"雍正对着朱轼咆哮。

朱轼知道雍正性子急，但是道理还是听得进去的。他挺喜欢孙嘉淦，知道这个年轻人敢说真话，是雍正未来的得力助手。

他小心翼翼地说："孙嘉淦这个年轻人，我很佩服他。"

"佩服他？朕砍了他的脑袋，看你还佩服不佩服？"

"启禀皇上，孙嘉淦学问不差，人品不坏，不过，最叫微臣佩服的，还是他的胆量。"

"胆量？"雍正一愣，看看朱轼，想想自己，一想，觉出点儿意思了，"这小子学你啊，老朱，看来你后继有人啦！"雍正转怒为喜，笑了出来。

孙嘉淦立即被提拔为国子监的司业，本来该是掉脑袋的人，不仅死里逃生，还破格升了官。

"你们想问为什么吧？"雍正对着他的臣子说，"孙嘉淦敢直言进谏，敢向朕说真话，朕难道没有听真话的度量吗？所以朕想了一想，不但不生气，反而很欣赏他的不怕死，你们可要学学孙嘉淦有话直说的个性。"

后来孙嘉淦因为敢直言的个性，好多次在朝廷上和雍正据理力争，雍正有时被他顶撞得张眼欲狂，却总能在最后关头冷静下来。一个敢凭真心说真话、敢这样直言不讳的属下，让雍正修正了不少错误的政策。

当然，直到雍正死时，孙嘉淦的脑袋都保全得好好的，官位还越做越高呢！

14. 李卫当官

雍正还有个耿直的大臣，叫作李卫，在推行新政上，功劳很大。

李卫是江苏铜山人，康熙二十五年生，五十六年捐钱当了兵部员外郎。

两年后李卫升了官，到户部当差。户部是负责向老百姓收钱粮的单位。李卫的顶头上司是个贪财的亲王，每次向下属收一千两，就要额外多加十两的附加税，当作他自己的私房钱。

李卫很看不过去，觉得这是不对的事，他虽然只是一个小官，但一点儿也不怕亲王。

"您这样做，简直就是恶性敲诈嘛！"李卫三番两次跑去找亲王理论。

"国家每年向他们收税，也是为这些老百姓造桥铺路，多收这十两银子，也是用之于民呀！"

"可是，收税有一定的规矩，你乱征税就是违法。"李卫论起理来，连亲王也敢当面顶撞。

亲王把架子一摆："别说了，我是你的长官，我怎么说你怎么做，你再说，我连你的顶戴都摘下来。"亲王气得两鼻生烟。

李卫仍然不畏权势，和亲王吵了很多次，只是亲王吵完还是照样多收他的税。

李卫见亲王冥顽不灵，灵机一动，把亲王多收来的钱，放进一个柜子里，柜子外头贴了一张封条，上面写着："某某亲王盈余。"

这件事闹得满朝文武人人皆知，大家上了户部，都伸长了脖子，想看看"某某亲王盈余"的钱柜放在了哪儿。亲王这下被李卫修理得很狼狈，只好不再多收钱粮。

雍正就是需要公正办事的人才，因此很快便把李卫升为云南盐驿道，负责管理云南的盐政。李卫后来一路高升，官做得很大。

李卫办事秉公处理，不惧各方压力。他在浙江管盐务时，就不怕盐商的恐吓威胁。

以前，贩盐是一项赚大钱的行业，盐贩子把沿海的盐贩卖到内地，赚取中间的差价。古代交通不便，盐卖到内地，价钱便水涨船高；许多盐贩子还和官员勾结，以低价买进官家制作的盐，再以高价卖出去，等赚了钱，再把利润分给官员，白花花的银子就这样进了他们的口袋。只是苦了内地的百姓，要买很贵的盐。

李卫一上任，许多盐商照往例送李卫许多金银财宝，希望他像以往的盐务官员一样，睁一只眼，闭一只眼。

没想到李卫不吃这一套，他派兵护送官盐，一定要让盐平安地送达内地，又把官盐的价格压得很低，让内地的人民有便宜的盐可吃。

盐商们无利可图，便花钱找来私人武装，想要造反作乱；李卫毫不畏惧，自己筹组水师，保护官盐运行的河道，剿灭了沿海许多武装作乱的盐贩。

这样一来，盐的价格低了，官盐也有了收入，大家对李卫都很佩服，称他是一位正直的好官。

雍正喜欢李卫的，就是他这种勇于任事、不顾情面的

還

办事态度。

李卫还曾经密奏鄂尔泰的弟弟鄂尔奇违法乱纪。鄂尔泰的官位比他大得多，雍正怎么可能会办鄂尔奇？搞不好连李卫都会掉脑袋。

可是李卫不怕，该怎么办就怎么办，他还是将密折寄给雍正看。

雍正看了李卫的密折，便派人去查，事情果如李卫所说，于是，雍正便将鄂尔奇革了职。

李卫后来升为浙江的巡抚，推行新政时，总是抢全国风气之先，雍正皇帝想改革什么，他就率先下去做。

李卫一辈子办了许多大贪官，把官员贪污的钱都追缴回来。他还发展浙江的经济，让当地的百姓过着较富足的生活，认认真真为百姓办了很多事。

他和田文镜最大的不同是，田文镜虽然也行新政，却对百姓一味搜刮。李卫书读得不多，却总是站在老百姓一边，事事以老百姓为先，仁慈为政。他打击的都是地方上的恶霸贪官，老百姓受冤，他会出来主持正义，老百姓受灾，他会先去赈灾。

李卫后来到北京当直隶总督，有一次要到南方出差，途经浙江。地方上的老百姓自动扶老携幼，在他经过的地方排着队等着对他顶礼膜拜，夹道欢迎的人潮竟然蜿蜒十余里，人人奔走相告："李总督回来了，李总督回来了。"

听听那呼喊的声音，多么亲切，那是对一位爱民如子的官员最高的敬意呀。

雍正喜欢李卫，但是也常提醒他不要太过盛气凌人。

有人曾检举李卫："当官没当官的样，对长官也没有礼貌，竟然直呼总督高其扬为老高，巡抚杨名时为老杨，还在自己执事的牌子上写着'钦用'二字。"

雍正看了笑一笑，他知道李卫的个性，所以没处罚李卫，只在折子里告诫他："与人交谈要谨慎，切莫与人留下话柄。"

李卫在官场像个小孩子般，却也只有雍正能看到他的优点，欣赏他的长处。如果不是雍正当皇帝，换个老学究型的皇帝，也许，李卫一辈子只能当个小官，甚至早就被罢官了也说不定。

15. 文字狱

文字狱，当然是文字惹出来的祸，文字狱迫害的也多是读书人。历史上的皇帝很怕读书人鼓吹人民起来造反，所以只要涉及到相关的文字，处罚起来总是特别的严厉，逮捕、抄家、坐牢、流放边疆，甚至杀头都是常用手段。

清朝因为是满族人统治汉人，所以更加注意汉人的思想行为，故而清朝的文字狱特别多，雍正朝也不例外。

雍正朝的钱名世就是因为文字而肇祸的读书人。

钱名世，和年羹尧的别字都叫"亮工"，两个人还是同一年中的举。

雍正二年，年羹尧的声势正盛，钱名世也和其他人一样，对他大拍马屁，还写诗赠送他："分陕旌旗周召伯，从天鼓角汉将军。"

这两句诗的意思用现在的话来说，就是把年羹尧比喻成周朝的召伯，以及汉朝的大将军卫青、霍去病。

他还建议朝廷应该替年羹尧立一块碑，附在康熙皇帝的平藏碑①后头，来表扬年羹尧的功绩。

雍正处决年羹尧时，钱名世也倒霉了。雍正说钱名世的诗文是想要趋附权贵，简单说，就是无耻地想要靠着拍马屁升官发财，所以下令把他革职，并把他遣回故乡看管起来。

雍正大概觉得这样的处罚不够，还想了个新花招，他亲笔写个"名教罪人"的匾额来骂他，要地方官把这块匾额挂在钱家大门口，让地方上的人耻笑他，存心让钱名世无脸见人。

雍正怕钱家偷偷把匾额取下，命令常州知府每月初一、十五都去钱家查一查，如果他不悬挂，就呈报上来再治他的罪。

即使这样，雍正还是觉得有气难消，便要求京城里大

---

① 平藏碑：指康熙帝平定西藏碑。

大小小的官员都要写一首诗来讽刺钱名世，再要求钱名世自己花钱把这些讽刺他的诗印成书，分发到全国各地的学校，给全国做"身为大臣却很无耻"的榜样。

古今中外这样处罚臣子的，大概也只有雍正想得出来。

如果我们是钱名世，大概连走出门外的勇气都没有。这下全国各地的人都知道他是个攀炎附贵之人，因为大家都有他自己出钱印的书，书上还都是骂他的话。如此一来，他一定觉得很羞辱，其他官吏大概也没人敢再拍马屁了吧！

雍正朝的文字狱中最有名的一件，大概是发生在曾静、张熙身上的一桩案子，此案还牵连到吕留良①。

吕留良是浙江人，他曾写过"清风虽细难欢我，明月何尝不照人"的诗句，明确说出他反对清朝的立场。清政府几次邀他当官，他都不愿意，直到康熙二十二年过世，也没当过一天清朝的官。

雍正初年，家住湖南的曾静读到吕留良遗留的诗文，

---

① 吕留良：明末清初杰出的学者、思想家、诗人和时文评论家、出版家。

一时惊为天人，对吕留良佩服得五体投地，特别派他的学生张熙去浙江祭拜吕留良。那时，吕留良已死去四十多年，由吕留良的儿子吕毅中接待张熙，并且送了张熙一本吕留良的诗文集。

这时已是雍正七年了。

恰好此时川陕总督岳钟琪和雍正之间发生了一点误会，岳钟琪两次要进京去见雍正，雍正却不想见他。

曾静和张熙师徒一听到这件事，心想机会来了，他们师徒急急忙忙跑去找岳钟琪，劝他反清复明。

岳钟琪是岳飞的后代，岳飞一辈子打金兵，金人是胡人，满人是女真人，女真人也是胡人，既然几百年前的祖先打胡人，那么岳钟琪一定也会反抗胡人！更何况，他还和雍正皇帝闹得不开心呢！

他们的推论乍听有理，只是岳钟琪和岳飞中间隔了几百年，岳钟琪又做到清朝大将军，怎么可能轻易反清？

岳钟琪和雍正有了误会，正愁没有办法立功，这对宝贝师徒不请自来，就像天上掉下来的礼物。岳钟琪先请他们坐下，派人办了一桌酒菜，一边和他们喝酒吃菜，一边在脑中筹思怎样利用这对活宝，重新获得皇上的信任。

酒足饭饱之际，他也想好了计策。

岳钟琪先假装答应他们的请求，拍着胸脯向他们保证，身为岳家的后代，他一定会带兵反清复明。

曾静和张熙不疑有他，当下就把吕留良的文稿和曾静所写的《知新录》交出去，好让岳钟琪能够号召更多"志同道合"的好汉，共同参与这项大计。

岳钟琪有了吕留良的文稿，当然没有去反清复明，他急着向雍正邀功，便连夜派人向雍正举发。

曾静和张熙并不知大祸临头了，被岳钟琪软禁在他家，天天做着反清复明的美梦。

雍正看到曾静写的书《知新录》里，不仅指责雍正是位暴君，弑父逼母、杀兄屠弟，还主张汉人要起来反抗满族的统治。

雍正愤怒地推倒案头的书，立即派人逮捕吕留良的子孙与学生。就连印书的商人、卖书的小贩、私藏吕留良书籍的人也统统被捉了起来。

至于曾静和张熙师徒，爱整人的雍正把他们在狱中的

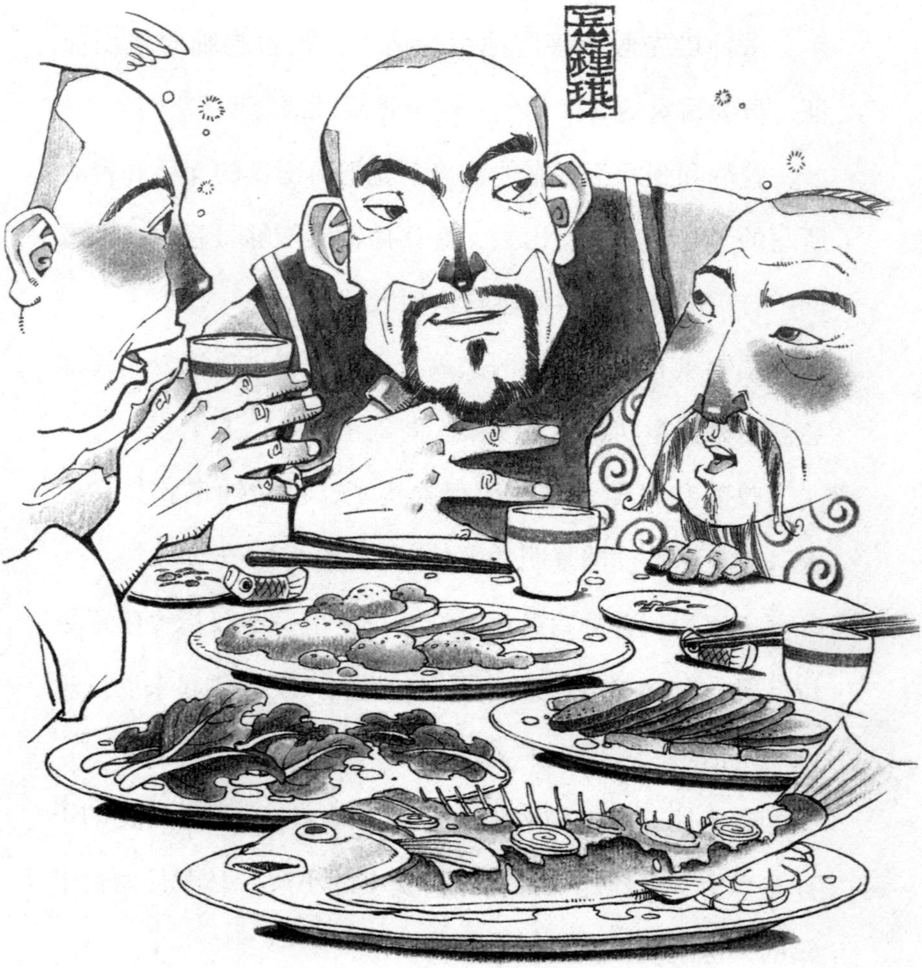
岳鍾琪

供词，加上自己对这件事的看法，写成一本《大义觉迷录》[1]，让曾静和张熙到各地去宣读，到处去认错，以消除东南各省人们的反清情绪。

像这样让犯了罪的人四处去认错演讲，受尽嘲弄，即使是一般老百姓，也会觉得处罚得太过火了。后代的人之所以觉得雍正很严厉，甚至还有不少人骂他，可能和他的处罚方式太过奇特与严苛有关吧！

---

[1] 《大义觉迷录》：全书共有四卷，收录雍正的十道上谕、提审官员审讯与结案的意见，也有曾静和张熙的口供，书末还附上曾静认罪所著的《归仁说》一篇。

16. 青海平乱

雍正治理贪官污吏很有一套，对付反对他的读书人采用文字狱，对边疆少数民族的统治，也花了不少心思。

青海的水草丰美，牛羊肥壮，在这里居住的蒙古和硕特部，民风强悍。

雍正元年，雍正的皇位还没坐稳，和硕特部的首领罗卜藏丹津趁机鼓动他的族人起来反清。

"现在起义，打到北京让雍正看看咱们蒙古人的威风。"和硕特部的人讲。

"咱们蒙古人应该团结起来，不要像噶尔丹一样，被大清的皇帝当狗打。"

"对对对，只要蒙古人团结起来，我们一定能像成吉思汗一样，再建立一个大帝国。"族人们激动地谈论着。

罗卜藏丹津摆摆手，要大家听他讲话："各位蒙古的勇士，咱们替清廷打西藏、打噶尔丹，结果呢？还不是让清廷皇帝坐享其成。今天大家齐聚一堂，放开怀来把酒喝下去！明天，我们骑上马、举着刀，杀向北京，好不好呀？"

"好好好，举长刀、驾快马，杀向北京去！"族人们大声欢呼，欢呼声在草原上像刮起了一阵旋风，让与会的人热血澎湃，恨不得立刻挥军南下，恢复蒙古族从前的荣耀。

罗卜藏丹津还得到西宁附近塔尔寺①大喇嘛的支持。因为塔尔寺是喇嘛教的圣地，有了大喇嘛的支持，短短几天内，就号召了二十多万人的响应。

一时之间，青海陷入一片反清的浪潮之中。

雍正抽不出兵力来对抗蒙古，临危之际，先派大臣常寿去当说客，请罗卜藏丹津罢兵。

罗卜藏丹津见到常寿，知道他的来意，便假意答应了

---

① 塔尔寺：位于青海省莲花山中，距西宁二十五公里。它与西藏的甘丹、哲蚌、色拉、札什伦布寺和甘南的拉卜楞寺，并称为藏传佛教格鲁派六大寺，是格鲁派僧人和信众的宗教活动中心之一。

他的请求："罢兵，怎么不罢呢？我们本来就听从大清皇帝的命令。这是个天大的误会，我们只是在这儿打打猎，等打完了猎，一定马上回和硕特部去，您放心好了。"

常寿是个老实人，见罗卜藏丹津诚恳的样子，以为完成了使命，还写了封信给雍正，要雍正放心，这一切都只是个"美丽的误会"。

寄了信，罗卜藏丹津命人抬出美酒、猪羊，陪着他喝了一碗又一碗的酒。

等到第二天一早，常寿宿醉后醒来头痛得要命，不过，让他更头痛的是，他被罗卜藏丹津给拘留了起来，日日关在蒙古包里，看不到罗卜藏丹津。

这时，罗卜藏丹津早就率领军队杀向西宁。

幸好抚远大将军年羹尧早奉了雍正的命令，率领川陕大军进驻西宁。

年羹尧是一员虎将，他身先士卒，把大帅营摆在第一线，以鼓舞士气，又派兵切断蒙古人进入西藏的路线，让罗卜藏丹津无路可退。

布置完成后，他才像撒网捕鱼般，把困在网里的罗卜藏丹津一步步紧逼。

罗卜藏丹津见情势不对，急忙把雍正的特使常寿送回去，希望清军可以退兵。

不过年羹尧把握住这个机会，铲平了塔尔寺叛变的力量。

由于罗卜藏丹津带军遁入沙漠，年羹尧不知是该向前攻还是该撤兵回甘肃，于是急忙派人问雍正的意见。

雍正是个嫉恶如仇的人，他的指示几天后到达："和大清作对的敌人绝不可以原谅。"

年羹尧知道雍正想用武力彻底平乱，于是立即发动攻击。

清军将罗卜藏丹津的老家团团围住，因为武器精良，军队素质又较高，几个回合就把罗卜藏丹津打得溃不成军，叛军先后投降的共有十多万人。罗卜藏丹津在清军猛烈的攻击下，只能带着残余的部队退到了柴达木。

年羹尧追到了柴达木，想要把大军分成四路追击，和他并肩作战的将军岳钟琪却认为："青海地区太过辽阔，敌人也还有很多，如果大军分兵，势力必定减弱，反而容易被包围或攻击。不如我们在草木未生之际，带领精兵直捣罗卜藏丹津的根据地。"

年羹尧却坚持先包围再收网的战术，两个人争执不下，只好请远在北京的雍正裁决。

雍正分别看过两人的奏折，认为岳钟琪的想法值得一试，就采纳了直攻罗卜藏丹津根据地的方法。

雍正二年二月，冬天的脚步还没走远，柴达木沙漠里的风雪仍在咆哮。躲在沙漠里的罗卜藏丹津一边烤着火喝着酒，一边还在想如何带着部众逃往新疆，投奔准噶尔蒙古的首领策妄阿拉布坦，希望得到他的支持。

没想到，一阵杀声自天外传来，数不清的清兵骑着快马，由四面八方杀了过来，罗卜藏丹津的军队也许是被冬天给冻怕了，投降的投降，逃跑的逃跑，连罗卜藏丹津都来不及穿上裤子，就在慌乱里抢了匹瘦马，趁着混乱逃往准噶尔了。

这一仗只打了十五天就结束了。清军大获全胜，还抓到了罗卜藏丹津的母亲、妹妹和几个参加叛乱的首领。

雍正刚登基，国内政治局面仍然不稳固，幸好打了这场大胜仗,让他在一夕之间声名大噪,龙椅终于可以坐安稳了。雍正欣喜地认为,这是康熙末年以来的奇功,于是晋封年羹尧为一等公,岳钟琪为三等公。

罗卜藏丹津乱事平定后,雍正采纳了年羹尧的建议,在青海设西宁府,派官员去治理青海,发展农业生产,提高当地人民的生活水平,由中央直接管理青海,加强了控制,也为进入西藏做了万全的准备。

17. 失败的战争

罗卜藏丹津在青海不能生存，就逃到新疆想投靠准噶尔蒙古。

准噶尔蒙古一直是清朝的麻烦制造专家，康熙曾三次御驾亲征，康熙晚年时，又为了西藏问题两度派出远征军，结果准噶尔不但没有投降，势力还日渐强大。最大的原因，还是这里离北京太远，即使是海风，也无法越过千山万水吹进这里！

雍正虽然在青海打了胜仗，却不想再派兵到准噶尔，他正在紫禁城里为巩固皇位而努力。罗卜藏丹津逃到准噶尔后，雍正只能派出特使谈判，希望准噶尔能够把罗卜藏丹津送回北京。

只是，策妄阿拉布坦野心极大，他表面上装作顺从，私下却积极地招兵买马。

雍正七年，策妄阿拉布坦死了，他的儿子噶尔丹策零继位。雍正此时已经坐稳了龙椅，有实力向他争夺皇位的兄弟死的死、关的关，没人和他作对了；还有，雍正也把国库充实了，打仗要花的钱，他都准备妥当了。

"趁新首领上台，政局不稳，是发动攻击的好机会。"雍正在给岳钟琪的手谕上说。

在过去的两年里，雍正在河南、山东、山西秘密训练了一批军队，还购买了骆驼、骡马和军械，只等着良机便要投入战场。

现在机会来了。

雍正下令征讨准噶尔，决心要把西北的毒瘤一次性铲除。

他命侍卫内大臣傅尔丹为靖边大将军，领着北路大军，驻兵在阿尔泰山。

又命川陕总督岳钟琪为宁远大将军，率领西路大军，驻兵在巴里坤。

西北战鼓咚咚响起，消息迅速传到了准噶尔。噶尔丹策零颇有心机，他虽然害怕清廷，却在心里盘算后，派特使特磊去巴里坤见岳钟琪。

"大将军辛苦了，我们首领知道你们这次来，主要是来抓罗卜藏丹津的，其实我们首领早就想把罗卜藏丹津送到北京，但是路途太远了，所以一再拖延，等到春暖花开的季节，一定把罗卜藏丹津送到北京去。"特磊鼓动着三寸不烂之舌，拼命地向岳钟琪解释。

"我看你们是被我们的大军给吓到了，想来求饶吧？"岳钟琪傲慢地说。

"大将军果然料事如神，我们准噶尔的军队怎么敢在将军面前班门弄斧呢？如果大将军先把军队带回去，我们大王一定带着罗卜藏丹津到北京，亲自向皇上负荆请罪。"

特磊的话让岳钟琪心动了："能不战而屈人之兵，那该有多好呀！"

他派人把特磊送到北京，询问雍正的意见。

雍正接到岳钟琪的折子，又详细问过特磊，一时龙心大悦，命岳钟琪和傅尔丹速回京城，共商大计。

其实，噶尔丹策零使的是缓兵之计，岳钟琪前脚才刚离开巴里坤，他立即发动攻击，派兵突袭西路大军。西路大军原本以为和平在望，根本没有派兵侦察噶尔丹策零的动向，被噶尔丹策零的骑兵出其不意地攻击，死伤不计其数，一时间血流成河，丢失的牲畜就有十几万头。

好笑的是，岳钟琪的部下怕被皇上处罚，竟然派人到京城里对着雍正大吹大擂，说他们对准噶尔打了胜仗，精明的雍正难得糊涂了一回，竟然信以为真，派人去嘉奖西路大军。

岳钟琪赶回前线后，面对残局，气得直想杀人，但是，雍正是出了名的严厉，如果这件事让雍正知道了，追究起来他一定也有罪，这个倒霉的将军只好想尽各种办法，帮部下遮掩事实。

雍正虽然被欺瞒了一时，但不久便得知真相，虽没有立即处罚岳钟琪，却已不再信任他。

噶尔丹策零食髓知味，等到傅尔丹的北路大军再次进逼时又略施小技，派人到傅尔丹驻守的科布多散布谣言："你们知道噶尔丹策零为什么不敢进攻吗？因为他们前后受敌呀，正面有大清北路大军，背后有哈萨克人的骑兵队骚扰，可怜的噶尔丹策零只剩下一千不到的人马，现在还躲在山后呢！"

谣言如风，吹进傅尔丹的大帐里。傅尔丹得到这个"宝贵的情报"，开心极了。他是个武夫，勇敢却缺少智慧，把假讯息当成真情报，立即要派兵进攻。

"噶尔丹策零是个很有心机的人，这一定是骗人的计谋。"

"不好吧，将军，您不要忘了岳将军的前车之鉴哪！"部下纷纷劝他。

傅尔丹身为北路大军统帅，怎么容得下别人说他被骗呢？他板着脸说："不入豹穴焉得豹子，像你们这样贪生怕死，可不是大清国的勇士！"傅尔丹气得脸红脖子粗，却没看见部下个个掩嘴偷笑："这个老傅果然没学问，连'不入虎穴'都能说成'不入豹穴'。"

急于抢功的傅尔丹派出四千士兵，轻装轻骑向和通泊进攻。

和通泊是个四面环山的山谷，清兵一进入山谷里，埋伏在山上的准噶尔蒙古军队立即向山下投掷石块、木头，再加上箭矢乱飞，清军退无可退，慌乱成一团，仅自己人相互踩踏致死就不计其数。

傅尔丹懊悔不已，又加派六千亲兵，由自己率领，到

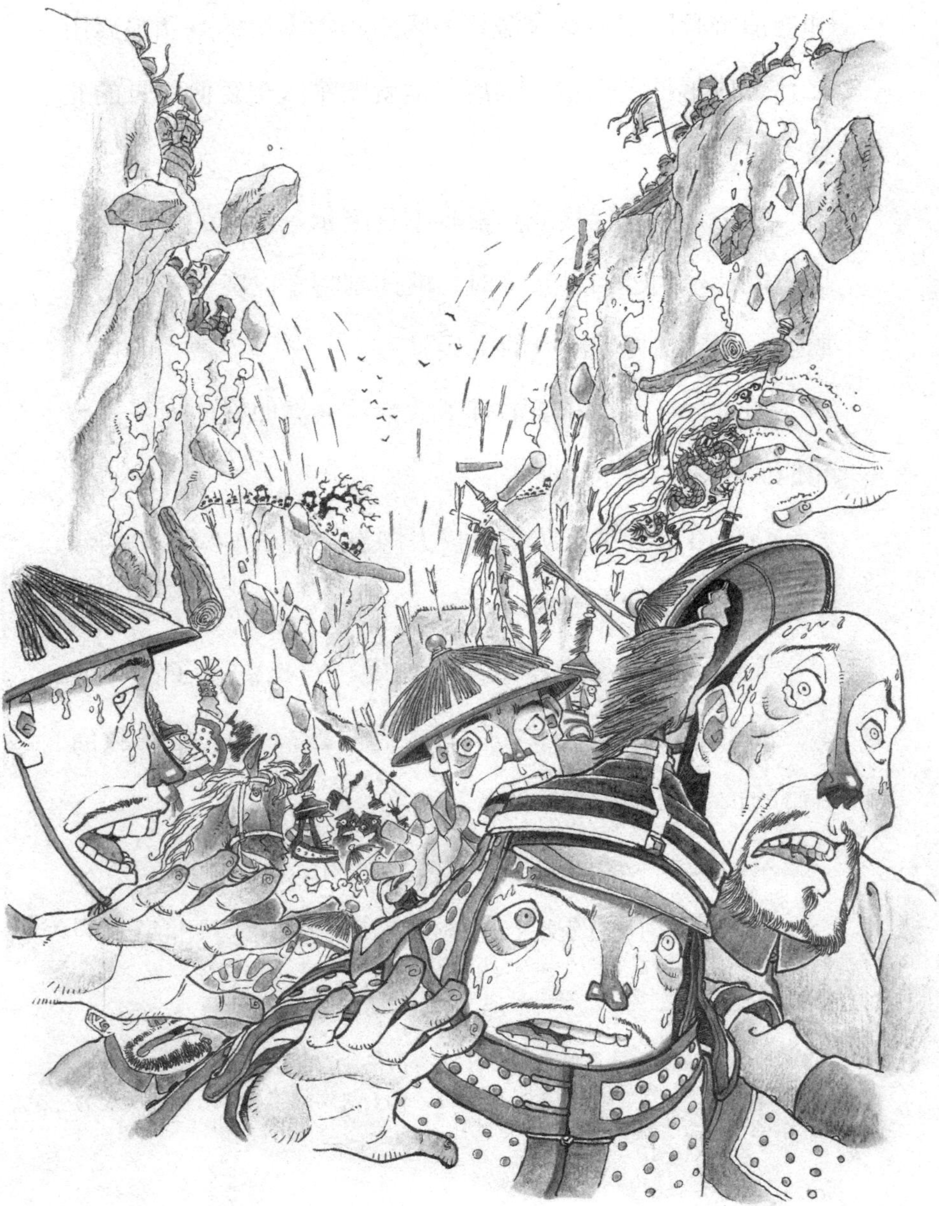

和通泊解救困军；老谋深算的噶尔丹策零使的是调虎离山之计，傅尔丹刚把主力调离，他就派军队奇袭傅尔丹的北路大军。

北路大军仓促接战，根本不是噶尔丹策零的对手，边战边退，等到退回科布多时，就连副将军巴赛都在战场上牺牲了，损伤将近两万的士兵。

噶尔丹策零在和通泊打了大胜仗，立即发动大军进攻和他们相邻的喀尔喀蒙古。

喀尔喀蒙古没有防备，损失惨重，甚至连喀尔喀的额驸策凌①的子女都被抓走了。

等到额驸策凌带军赶来时，发现自己的孩子都不见了。他割下自己的头发，指着上天发誓："我一定要救回自己的孩子，如果做不到，就和这束断发一样。"

策凌把头发扬向天际，顿时飞发满空，随风四散。

他带着喀尔喀的勇士，昼伏夜出，悄悄地从准噶尔的

---

① 策凌：生在蒙古喀尔喀部，从小跟着祖母住在北京城里，由紫禁城里的皇家养育，长大后娶了皇家公主，成了清朝的驸马爷。策凌所娶为康熙帝的女儿纯悫公主。

背后绕过去，在光显寺一带找到准噶尔的军队。准噶尔军队没料到背后会出现敌军，被杀个措手不及；加上光显寺一带，一边是大山一边是河流，败军根本无路可逃，被喀尔喀人杀掉一万多人，河水几乎都变成红色了。

准噶尔经过几年作战，尤其是光显寺大败后，元气大伤，无法再战，只好向清廷求和，雍正也因为连年征战，人力物力消耗极重，于是在雍正十一年宣布停止进兵。双方以阿尔泰山为准噶尔与喀尔喀的放牧界地，签订了合约。

总的来说，雍正对准噶尔的用兵，不管是事前的准备、战争时的消息传递，还是用人方面，都相当失败。

18. 鄂尔泰与改土归流

鄂尔泰是满洲镶蓝旗人,康熙三十八年中的举,二十一岁当上御前侍卫,只是他在官场不得意,直到康熙五十五年,才升了个不大不小的官。因为有志不得伸展,所以他在别人面前,总是一副愁眉苦脸的样子。

那时,雍正还只是皇四子,有一回,他想要鄂尔泰出去替他办点事。

鄂尔泰那时正失意,换成平常人,遇到皇子相邀,岂有不答应的,一定是逢迎拍马,希望得到皇子的赏识,盼着有一天皇子变成了皇帝,自己也能飞黄腾达。

没想到,鄂尔泰很不识相地回绝雍正:"皇子应该修身养性、读书练武,怎么可以结交臣子呢?"

那时的雍正碰了一鼻子灰,够糗的了。

雍正虽然讨了个没趣,却对鄂尔泰留下了深刻的印象。

等他登基后，身边需要一些能干的大臣，他马上想起当年不给他情面的鄂尔泰。他召来了鄂尔泰，当面夸奖他："你当年只是个小小的京官，却敢当面拒绝朕，你当年既然敢拒朕于千里之外，当上大臣一定也能拒绝其他人的威胁利诱。"

鄂尔泰原本就是一个肯做事的人，从前，他坚守君臣礼节，不去交结皇子；今日皇子已贵为天子，他再也没有理由推辞，便一口答应了雍正，从此尽心尽力地把雍正交给他的事办好。

雍正给他的第一个任务，就是派他到云南当巡抚。

云南地区位于偏远的西南，山地连绵，江河密布，一般官员都视为畏途，认为被派到那里等于是贬官流放，可是鄂尔泰接到命令，不但没抱怨，反而认为是一项有意义的挑战，高高兴兴地去上任了。

鄂尔泰到了云南，亲赴民间，到每个地方去考察。他发现，云南因为高山阻隔，村落间很难联络，所以清朝政府无法有效地管理，只好委托当地"土司"管理。

"土司"是西南地区设置的官员名称，由少数民族的首领充任，是一种世袭的官职。也就是说，只要你当上了土司，你的儿子也是土司，你的孙子也是土司，一代传一代，像是云南地区的土皇帝。

这些土司凭借权势，自己规定税赋，对百姓横征暴敛，税目千奇百怪，有的土司甚至连百姓生火做饭、使用锄头都要收税。他们收来的税并没有真的上缴到朝廷，而是进了自己的腰包。百姓除了面对地理环境的严苛考验，还得应付仗势凌人的土司，而土司们的威迫往往又胜过天灾。

百姓过着民不聊生的日子，这些事，远在千里外的皇帝是不能体会的。

鄂尔泰在云南越看越心惊，他觉得要想让百姓过好日子，就不能让土司横行霸道下去，最好由朝廷派官员去管理地方，终结土司制度。这就是有名的"改土归流"[1]

---

[1] 改土归流：就是改土司制度为流官制度，即取消西南地区土司的世袭制，土司的职位不能再由土司传给下一代，而改由中央政府派人轮流去做官。

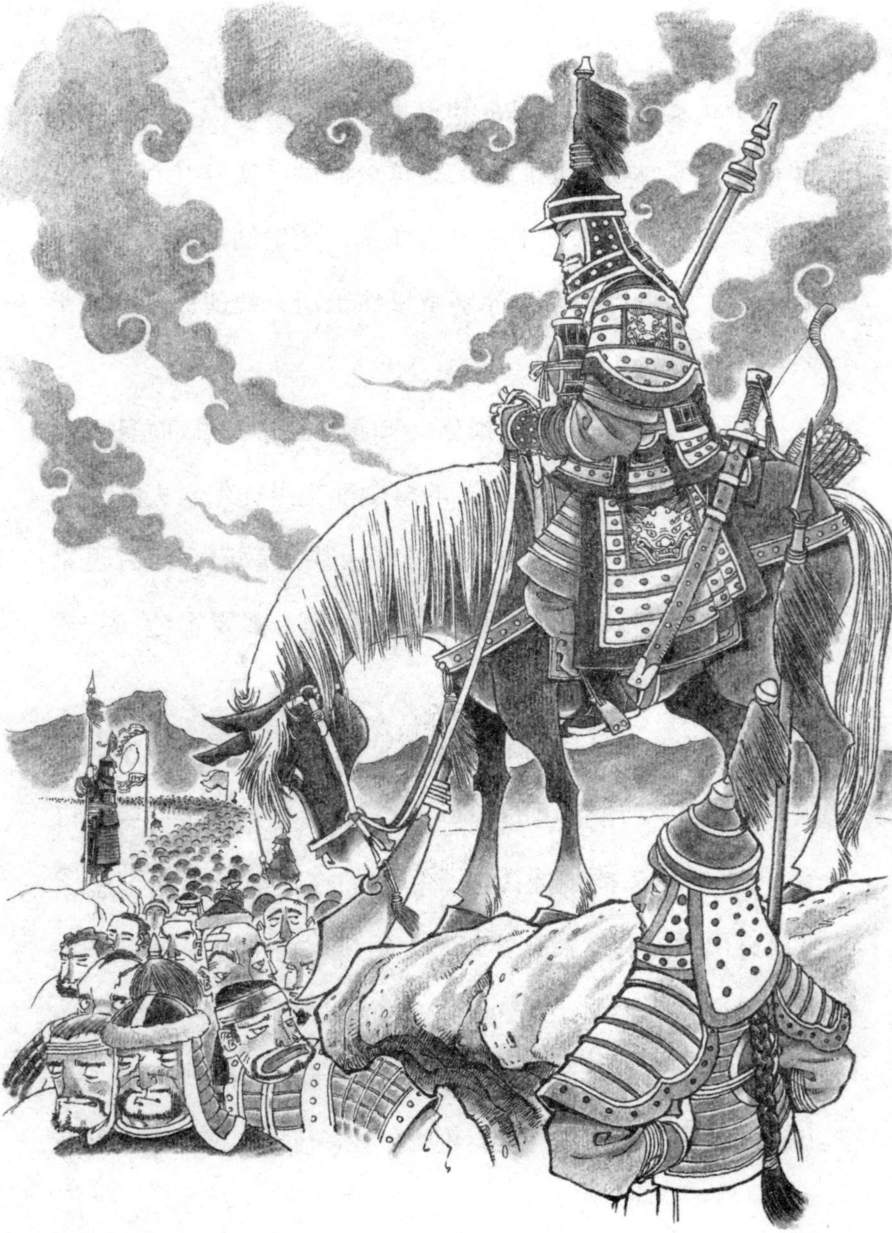

政策。

雍正之前的皇帝也都知道土司制度的缺点，但是他们却迟迟没有动手，他们怕的是这个制度已实施几百年，土司的势力非常强大，不是皇帝在紫禁城里动动嘴皮子就能解决的，至少也要有人能够威慑住土司，使他们不敢轻举妄动才行。

雍正看了鄂尔泰的报告，知道他有决心，而且肯负责，就把整个"改土归流"的事全都交由鄂尔泰去办理。

"你们今后不用再管理地方了，中央政府会派官员来这里办事。"鄂尔泰亲自向土司们解释，并要求他们交出权力。

"少了翅膀的老鹰不会飞，没了森林的熊没有家，鄂尔泰要我们交出土司的职位，总而言之一句话——不可能。"土司们头摇得像拨浪鼓，他们在这山里当王，怎么可能交出兵权和统治权？于是，很多土司带着军队叛变。

以往的人征讨土司总是半途而废，因为西南地区山高水深，征讨不易。政府的军队一到，土司就率众逃跑，逃不掉就投降，等军队一走，他们又恢复原样，于是几次无功而返后，政府既耗去了钱粮，又一无所获。

鄂尔泰不怕事，他采用武力和安抚并进的方式推行改制。愿意归顺的土司，他赏给金银，并在当地办学校、振兴经济；对于不肯归顺的土司，他就派出大军直接征剿。

初期，很多土司并不愿意投降，鄂尔泰便先对当地最强大的土司下手。像在雍正四年，他先出兵攻打贵州广顺的长寨。长寨是云贵两省中势力最强大的土司，鄂尔泰打了三年多的仗，才终于平定了长寨，事后设置了流官统治一千二百九十八寨，成果辉煌。

推行"改土归流"的政策后，地方上再也没有世袭的土皇帝，农民的生活也有了显著的提升，学校、交通、农业都有了长足的进步，连带清政府的税收也增加了。更重要的是，让这些地方上的百姓不再受土司的欺凌。

雍正从来都不是畏首畏尾的人，当需要动用武力时，他就会断然地挥出拳头。在改土归流的初期，虽然遇到了很多困难，但是在雍正的支持和鄂尔泰的坚持下，成效也越来越显著，为清政府统治西南部打下了一个坚实的基础。

雍正十年，鄂尔泰因功被召回北京，担任首辅大学士。他对雍正十分尽忠，办事尽心尽责，雍正死后，还受命为乾隆皇帝辅政，直到乾隆十年去世前，都是皇家的左右手，是雍正时期的一位代表性人物。

19. 皇星陨落

雍正十三年的八月，圆明园里还可感受到秋老虎的威力，天气燠热得让人想跳进御河里游上一圈。

用过晚膳，雍正抬头看看天空，天空还是猩红一片。几个执事太监替他点上灯，而他的案头上，则是一叠差不多与肩同高的密折。

他翻开密折看了看，广东巡抚的折子说的是当地今年大丰收："庄稼丰收，全赖皇恩浩荡。"

雍正看了勉强一笑，却发现笑不太出来，肌肉似乎僵住了。

他提起朱笔，想往上圈点，给远在千里外的臣子讲点体己话，可是怎么眼前一黑，什么也看不到了。

好不容易，他努力调匀自己的呼吸，再睁开眼睛，头有点发麻，他想唤太监拿他常服的龙虎丸来，可才起来，一不小心竟然把满桌的密折全拨到了地上。

他告诉自己，该休息一下了。

环顾室内，数不清的密折匣子都是他亲笔圈点批改过的，这一生他也够辛苦的了。

皇帝，位高权重，可以过享受的生活：国库里，是数不清的金银财宝；皇宫里，有成百上千间屋子，即使一天住一间，可能一辈子都睡不完；他想去哪里就能去哪里，想做什么就能做什么，看起来高高在上，享尽人间荣华富贵。

可是，雍正却不是这样的皇帝。

他的父亲康熙当了六十余年的皇帝，把祖先得来的江山重新整理了一遍。可天下太平一久，官员们就变懒，以为国泰民安就可以贪点儿小钱，一人贪一点儿，国力在最顶端时便开始下滑，隐藏在繁华太平表面下的竟是个烂摊子。

雍正想把国家治好，就要付出比他父亲康熙更多的心血。

他的个性急，又把权力全抓在手上，每件事他都想

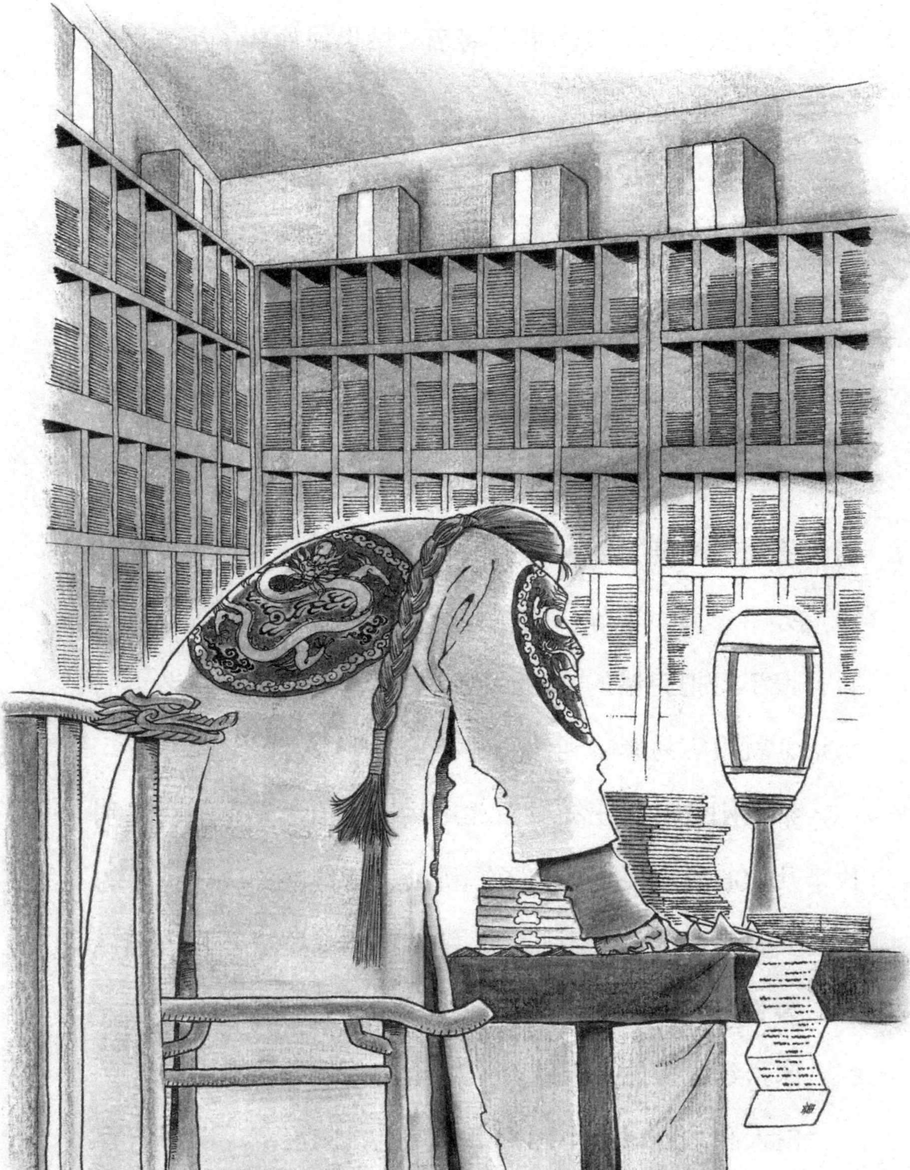

管，每个人他都想教，事必躬亲的结果让他成了历来最辛苦的皇帝。

他让全国各地的官员都有向他秘密上奏的权利，所以那些密折都像雪片般飞来。既然强调的是密奏，就是只有皇帝和写密折的官员自己能看。这些密折每天至少三五十件，多则七八十件。他每一件都要细细地看，理出头绪，想出对策，最后再把意见用红笔写在上头，发回给官员。

光是批这些密折，就让他天天工作到深夜，而这些密折大多牵涉到重大的事情，像是官员贪污、地方水旱灾、官员办事不力，等等。他经常看得火冒三丈，气到全身发抖，恨不得把犯错的人叫到面前痛骂一顿。劳神又劳力的结果，就很容易影响到他的健康。

雍正刚登基时正在对西北用兵，他怕延误军情，特别找来几位心腹大臣，成立了军机处，陪他共同决议重要的军情大事。性急的人不能等，每件事他都要求今日事今日毕，每件公文他总是收到即批，想到什么就立即召见大臣，像张廷玉，他一天就召见好几次。

白天和大臣讨论军国大事，晚上批阅奏章，向地方官员下指示。

劳心劳力的雍正像个陀螺，忙得团团转。

他当然也知道江南的景色很美，康熙去了几次，他儿子乾隆当了皇帝后，也常常去，夹在他们中间的雍正却没去过。

康熙喜欢去木兰围场[①]打猎，雍正却连北京城都很少出去，顶多，到他的圆明园里住一住。他花了很多精神建设圆明园，却只是待在里头批公文、开会讨论国事。如果能躺在圆明园里，听着远远传来的寺庙里的钟声梵音，让他心情平静地睡上一觉，就算是莫大的享受了。

雍正的生活十分简朴，吃饭时，连一粒米也不肯浪费。各国进贡来的礼品，他自己用不完，又怕放久会坏，就会赏给官员们使用，像田文镜得到的赏赐，退休后还得买间屋子专门放呢！

雍正即使想要享受也没时间，他把太多时间拿来思考

---

① 木兰围场：木兰，是满族语，汉语翻译成"鹿哨子"或"哨鹿围"，原本是捕鹿时使用的一种工具。清朝时，在现在的河北省承德市围场县境内，有专供皇帝打猎的场地，久而久之就称为木兰围场，简称木兰。

国家大政了。本来他的身体在康熙末年还很健康，等到江山坐稳了，又有更多的事等着他伤神，心力交瘁的结果是他在雍正七年病了，而且一病就病得很重。

那一次，他怕自己一病不起，便召集了几位皇子、大臣，把他的遗训向他们宣布了。

国家不可一日无主，为了治好自己的病，雍正亲笔写了好多封信给他信得过的大臣，请他们代为寻找内外科的名医，或是炼丹道士进京为他治病。

大臣田文镜正在河南当官，他在河南找到了一名人称"贾神仙"的道士，这名道士真名叫作贾士芳，听说对治病很有一套。

贾士芳到了宫中，很认真地帮雍正看病，嘴里念着经，手里帮雍正按摩，一开始还真的很有疗效，雍正向大臣们说，自己的病情大有起色，贾神仙的医术果然高明。

只是，雍正发觉自己的身体健康竟然操纵在贾士芳的手里。

"他要朕的身体健康，朕即觉得通体舒畅；他要朕的身体不适，朕即使服用人参仙丹仍觉难过。朕的身体安与不安，竟然全操纵在贾士芳的手里。"雍正觉得有些不对，皇帝的健康操纵在一个道士手里，这问题便十分严重了。

于是，雍正派人逮捕了贾士芳，说贾士芳犯了大逆不道之罪，将他处死。

贾士芳虽然被处死，雍正却对道家的炼丹和养生方法，起了很大的兴趣。几个有名的道士，他全都请来，留在圆明园里为他炼丹。雍正八年时，他的身体情况转好，他以为自己的病好了，四处向他的大臣们宣告自己龙体甚安，工作更加勤奋。他相信丹药有益身体健康，所以只要稍稍觉得不适，就向道士请教，按时服用各种不同的丹药。

这天夜里，雍正突然觉得一口气喘不过来，他大口大口地吸气，可是好像没有什么用，他想叫人，可是太监全被他赶出去了。大家都知道雍正在批密折时，是不能偷看的。

他一转身，撞倒了一张茶几，撞翻了一个古玩柜子，仰面倒了下去。

响声惊动外头随侍的太监，他们冲了进去，嘴里呼喊着皇上，然后又倏然停止，万物像同时失去了声音，一片静寂。

隔了半晌，一个值事太监不小心把一个茶壶掉到了地上，发出哐啷一声，几十个人这才同声悲号："皇上呀！"

鄂尔泰和张廷玉被急召入园，他们发现雍正已暴毙，只好对外先封锁消息，派人急回紫禁城，于正大光明匾额后，取出密藏的立储遗旨①。

在老臣的见证下，由宝亲王弘历接帝位，改年号为乾隆。

雍正皇帝的死因一直是清朝历史的一个谜团。后代有很多传言，其中一种说法认为他是被吕留良的孙女吕四娘②给杀了。

只是，历史学家大多认为，那是积劳成疾的雍正在雍

---

① 立储遗旨：雍正登基时已45岁，他亲身经历了康熙末年的皇储之争，虽然他是最后的胜利者，但对身处其中的残酷和痛楚有很深的体会。因此，他即位之初就和多位大臣共商大计，建立秘密立储的制度。
② 吕四娘：据史料记载，雍正十三年（1735），雍正还在处理政务，晚上得了急病，次日凌晨死亡。由于死得非常突然，于是在民间，便产生了种种猜想和传说，流传最广的传说就是吕四娘为报仇刺杀了雍正。

正七年的那场大病之后，相信了道士炼的丹，长久吃这些金丹才致死的。

不然，乾隆皇帝接了雍正的帝位后不过第三天，怎么就把圆明园内所有的道士全都赶了出去？

雍正

雍正小档案

1678 年　于康熙十七年十月三十日诞生。

1683 年　入尚书房读书,学习满、汉、蒙古文和各种经典文章及骑马、射箭等技能。

1686 年　跟随康熙出巡塞北。

1696 年　随康熙远征噶尔丹,学习带兵打仗之道。

1697 年　再次追随康熙远征噶尔丹,回京后,受封为多罗贝勒。

1708 年　康熙认为太子胤礽性格残暴,语言颠倒,下令废太子。埋下各皇子争权夺位的因子。

1709 年　康熙复立胤礽为太子。

1712 年 康熙指责皇太子结党，又废太子。令文武百官不得再提立太子之事。

1722 年 农历十一月十三日康熙驾崩。十七日，康熙的正式遗诏颁布天下，谕皇四子雍亲王胤禛继位登极。二十日，胤禛即帝位，诏告天下，定次年为雍正元年。

农历十二月十三日，下令户部总动员，清查全国亏空钱粮的情形，整治康熙朝以来严重的贪污腐败。

1723 年 颁布命令，让贱民除籍。青海和硕特部蒙古首领罗卜藏丹津叛乱。追封孔子先世为王，禁洋教。

1724 年 平定罗卜藏丹津的动乱。下令生员与百姓一体当差。

1725 年 农历七月，革去允禟的王爵。农历十二月，革去允禵的郡王。赐死年羹尧。

1726 年 《古今图书集成》定稿。将允禩、允禟削去宗籍，从皇家家谱中除名。

1727 年 中俄双方签订《布连斯奇条约》。

1729 年 命岳钟琪、傅尔丹分西北两路出征准噶尔。

1732 年 宣布要将密折全部印成书，可惜直到乾隆时，才将一部分的密折编印成书，定名为《朱批谕旨》。

1735 年 农历八月去世。